王楼 / 著

# 山海点灯人

SHANHAI
DIANDENGREN

百花洲文艺出版社
BAIHUAZHOU LITERATURE AND ART PRESS

**图书在版编目（CIP）数据**

山海点灯人 / 王楼著. –– 南昌：百花洲文艺出版社，2022.5
ISBN 978-7-5500-4691-7

Ⅰ.①山… Ⅱ.①王… Ⅲ.①散文集 – 中国 – 当代Ⅳ.①I267

中国版本图书馆CIP数据核字（2022）第044837号

# 山海点灯人

王楼　著

| | |
|---|---|
| 出 版 人 | 章华荣 |
| 责任编辑 | 蔡央扬　郝玮刚 |
| 书籍设计 | 黄敏俊 |
| 制　　作 | 何　丹 |
| 出版发行 | 百花洲文艺出版社 |
| 社　　址 | 南昌市红谷滩区世贸路898号博能中心一期A座20楼 |
| 邮　　编 | 330038 |
| 经　　销 | 全国新华书店 |
| 印　　刷 | 湖北金港彩印有限公司 |
| 开　　本 | 720mm×1000mm 1/32　印张 7.25 |
| 版　　次 | 2022年8月第1版第1次印刷 |
| 字　　数 | 115千字 |
| 书　　号 | ISBN 978-7-5500-4691-7 |
| 定　　价 | 38.00元 |

赣版权登字：05-2022-53

邮购联系　0791-86895108
网　　址　http://www.bhzwy.com
图书若有印装错误，影响阅读，可向承印厂联系调换。

# 目录

# 第一折 《伏羲女娲》一个亿

记得上次灯下静坐还是在校园里，如今，转眼已到了书本上说的"三十而立"。

时间总是一如既往地梦幻，立于当下的时候不知不觉，向前看的时候嫌它慢，但回眸时却惊讶地发现它果真如白驹过隙、弹指一挥此类云云。不禁想起自己曾说给妹妹听的一句话："真正的速度是看不见的，像太阳东升西落，像四季春去秋来，或者，像大雪压枝天地梨花开，这是所有成就与毁灭的力量。"

春节在家拜读了茨威格《人类群星闪耀时》一书，这位作家被誉为"历史上最好的传记作家"，果然名不虚传。那些本不起眼但却至关重要的一瞬左右了历史，当然，也惊艳了我——多么动人的时间，多么迷人的一瞬。

似要看清雾里的那朵花，抑或捞起水中的那轮月，好奇心和探索欲让我有了此时此刻的灯下静坐，以及静流下汩汩翻涌的思绪。若非得给这件事找个由头，恐还得从自己新近创作的一部书《伏羲女娲》说起。

《伏羲女娲》作为山海英雄联盟系列开山之作，历时9个月创作完成，以象征天地的山海印为线索，以中华民族特有的龙图腾贯彻始终，涵盖"伏羲八卦、伏羲结网捕鱼、伏羲制瑟、女娲制埙、共工怒触不周山、愚公移山、女娲造人、女娲补天、女娲斩鳌精四足代立天柱、刑天与帝争位、伏羲女娲成婚"等典故，特写了大人国、小人国、贯胸国、一目国、三首国、厌火国、君子国和不死族这些"奇葩"的国度，并给后羿、夸父、大禹、精卫、祝融、仓颉、盘古、瑶姬、嫘祖、西王母等数十位山海英雄的故事埋了伏笔。在少年派伏羲、女娲这两位福佑社稷的正神号召之下，山海英雄联盟自此踏上征途！全书一言以蔽之："记得年轻而勇敢！"

《伏羲女娲》并非我创作的第一部神话题材小说，《大荒青衣》才是。两者有很多共通之处，譬如皆基于上古奇

书《山海经》，都是按剧本底色创作，且谋篇布局同是"楔子＋七卷＋终章"经典格式等。但最关键的往往还是差异，《大荒青衣》作为《山海经》系列试水之作，从创作之初便是奔着影视化去的，随着项目的不断推进，特别是《哪吒之魔童降世》的横空出世，我猛然觉醒，先不管作品内容如何，仅标题我就输了好几条街。

多么可笑，自以为踩在了《山海经》的巨人肩膀上，殊不知成了井底蛙。这是一种普遍的可笑，过去、现在和将来，跟《山海经》沾边的作品多如牛毛，有谁脱颖而出了吗？不妨把《山海经》这部上古奇书当成一把刀，刀本无错，既可以是厨房的功臣，也可以是罪恶的帮凶，关键是，这把刀在谁的手里，人的作用由此凸显。

《山海经》真正吸引我的地方正是它自始至终都微妙而深刻地彰显着人性之光。

远古先民至简至勤，俯仰天地，洞穿心灵，历千年而不衰，真正应了句"少则得，多则惑"。不妨让时间倒流到没有任何文字记载的年代，甚至更久远，那一切就都回归到了人的问题，继而借此表达两个崇拜：自然崇拜、英雄崇拜。

一、自然崇拜。你有多久没等一次日出、赴一场日落了？你有多久没好好感受吹面不寒的杨柳风了？你上次为路边的一朵野花驻足片刻是哪般年纪？你上次掬起一捧山涧里的清泉畅饮是什么时候？你可曾记得雨打芭蕉是什么声音？你可曾埋下一颗种子并希望它长成参天大树？你是哪一年开始悲伤秋天的落叶？你又是哪一年开始期待春天的花红遍野？是为天人合一。

二、英雄崇拜。山的那一边是什么？海的彼岸在哪里？地平线有没有尽头？一定会有人这么想，所以总有人披荆斩棘、勇往直前。夜幕降临怎么办？水漫金山怎么办？猛兽来袭怎么办？一定会有人这么想，所以总有人天地借法、痴心燃灯。是为人定胜天。

山海经行归故里，稚童携手笑乡音。你听，那人说曾在幽兰空谷遇见一只鸟儿飞过，不知其名，细闻其声，思忖良久，也罢，就以鸣叫声唤之吧。稚童皆以为然，雀跃努嘴学之。呵，好一只幸运的鸟儿！

《山海经》里那些隐晦而张扬的人性让我震撼不已，我为何自以为是到对人竟视而不见？那一瞬，我决定以英雄本该有的名字命名每一部作品，终于，《伏羲女娲》破土而出，这于我真是柳暗花明的一件事。

接下来又出现了一个问题：我创作之初实则是在脑海里先放了部电影，然后把电影翻译成文字，那最后如何才能融到一笔巨额资金再把文字翻译成电影？《伏羲女娲》优先考虑做成动漫院线，按当下行情，成本预算不会低于一个亿。这真是个天大的考验！

你或许觉得好笑，我压根不知道如何融到一个亿，竟还敢写《伏羲女娲》这本书。

我始终认为，理性是成不了大事的，如果所有人都按陈规办事，那世界早就乱套了，所以，先开枪、后瞄准不失为一个法子。你可能不太理解这种阐述，那我打个比方，假定我们身处大秦王朝，如果所有人都按规矩办事，那秦始皇嬴政传万世的愿景便能成真。很多事不是因为你觉得合理才出现，而是因为那件事出现了，你立马或慢慢会觉得合理，这句话的同义表述有很多，比如"历史规律、时代潮流"等等，但归根结底，都是人性里不可言喻的一面在作怪。

我大学虽说是商学院科班出身，但课本上学的东西并非教我怎么赚钱，就算有近似教人赚钱的学科，譬如证券投资，也不能保证学了的人赚到钱，毕竟人心隔肚皮，理论和实际通常是两码事。而另一方面，我又隐隐觉得，一个人的社会价值往往跟他的赚钱能力成正比。如此想来，不妨把《伏羲女娲》动漫院线融资一个亿当成一件酷毙了的事，我们穷其一生又能干几件酷毙了的事呢？

"工欲善其事，必先利其器。"钱就是那个至关重要的"器"，但最终也只是"器"而已，跟用于耕耘田地的铁锹并无二致。脚下是广袤无垠的荒野，我小心翼翼地摊开掌心，望着那一颗闪闪发光的种子，不禁怅然，是的，我需要一把铁锹。

我很好奇自己是如何走到了这里，更困惑下一步将何去何从，忽忆《老残游记》里的一段经典论述："这山里的路，天生成九曲珠似的，一步二曲。若一直向前，必走入荆棘丛了。却又不许有意走曲路，有意曲，便陷入深阱，永出不来了。我告诉你个诀窍吧，你这位先生颇虚心，我对你讲，眼前路，都是从过去的路生出来的。你走两步，回头看看，一定不会错了。"所以，我决定止步。

跟所有伟大的故事一样，起点总是卑微的，使命总是崇高的，过程总是曲折的。《山海点灯人》这本书的真实性在于，此刻的我踌躇满志却又困顿不堪，我下定决心写第一个字的时候，根本不知道谁手中有那把铁锹、谁愿意借我一把铁锹，这种状态已经持续了大半年之久，在可预见的未来，或还将持续很长一段时间。

茨威格说："一件作品固有的力量是不会长期深藏不露或被禁锢的。一件艺术品可以被时间遗忘，可以被取缔，被埋葬，但富有生命力的事物总要战胜只能短暂存在的事物。"

《伏羲女娲》虽不能与那些不朽之作相提并论，但就影视而言，较之匆匆写就的打印稿，光一个"书"字，也算对得起天地良心了。书的高度确定性、深度渗透性、持续影响性是整个《山海经》项目得天独厚的优势所在，而在伏羲、女娲这两位福佑社稷的正神号召之下组成的少年派既是孩子未来的榜样，也是少年当下的共鸣，更是曾经少年的缅怀，由此不难看出它无可估量的商业价值。

我相信，凭借《伏羲女娲》"固有的力量"撬动一个亿并非天方夜谭，只是早晚的事。至少，相信本身便是一件很有力量的事。

# 第二折　"王楼，你是一个干大事的人！"

世上有一件事非常容易，就是说话，所谓"站着说话不腰疼"；世上有一件事又非常不容易，仍是说话，听的人可能顿感六月寒或三冬暖，说的人也可能由此埋下祸患的种子或时间的惊喜。

"王楼，你是一个干大事的人！"这句我年少时听到的不容置疑的话改变了后来。

那是 2007 年中考前夕的初夏，一个平常得不能再平常的中午，丝丝风花游走在桌上的书页间，阵阵蝉鸣聒噪不已但却让人浑然不觉，全校师生正在午休。我们的教室在三楼，北面靠窗的地方有一排长势颇盛的垂柳，应该是很多年前就种下了，正好跟我们教室高度相仿，倒也赏心悦目，像是特地为我们准备的一样。

我并未熟睡，因为趴在课桌上睡觉真是件将就的事，但也没得选。

跟很多人一样，我是在学校寄宿的，早七点出宿舍，晚九点回宿舍，镇上的初中生活并没有旁人说的那般紧张，用安逸来形容也未尝不可。安逸的另一层意思是，我的成绩足以保证自己成为师生口耳相传的风云人物，那时候学校给我们编学号是按成绩排序的，我是班里的 1 号，兼任了很多职务。

我原本打算去县城的实验初中读书，因为小学六年级的时候，县城实验初中的老师来发招生宣传单，希望我们踊跃报考实验初中。宣传单印得五颜六色，更吸引我的则是上面五彩缤纷的校园生活：美丽的建筑、可亲的老师、活泼的笑脸……我反反复复看了好多遍，这些无不让我心向往之。好不容易挨到傍晚放学，我小心翼翼地把宣传单叠好塞进书包里，自行车蹬得飞快，莫名兴奋了一路。"我要去县城的实验初中读书！"我要第一时间把这个大胆的想法告诉父母。

村里的孩子总是这么可爱！四年级之前，我是在村里读的小学，教室是很简单的一排砖瓦房，我盼星星盼月亮都盼着快点读到五年级，因为五年级和六年级是在我们前面单独砌的一排，那两间教室的地面是水泥地，而我们的是砖头铺就的。砖是红砖，但用不了多久就被我们踩成了灰砖，所以学校会定期组织大扫除，有一项艰巨而有趣的任务便是铲砖头上的泥巴。后来的某天，班主任突然宣布说学校要跟镇上的中心小学合并，过完暑假直接去镇上报到。呵，这倒好，水泥地面没踩到，直接踩到了大理石。我被分配到了五（3）班，班主任是当年在村里教我们数学的杨建华老师。有一点倒更让人啼笑皆非，就是在村里小学读书的时候，每次开学领完新书，我们都会很严肃地探讨一个问题：课本上几年级几班怎么填？几年级好填，那几班呢？是不是上学期是三年级一班，下学期就升一格变成三年级二班？我们确实很认真地这么填了。

　　县城实验初中的教学质量肯定没得说，因为我至今都记得一位姓沈的女老师调到了县城的实验小学教书，原本是我们村、后来被分配到五（1）班的那个同学经常跟我提他们沈老师的事，言语间充满了自豪，想来实验初中应该也差不到哪。望着宣传单上那一圈红白交加的橡胶跑道和实验室里琳琅满目的仪器，我暗自惊叹，世上竟然还有这么好的学校？我打小就喜欢做实验，譬如：在课本上看见富兰克林用风筝接引雷电，我蓄谋已久地在一个夏日雷雨到来之际迎着飞沙走石的狂风去放风筝，还没放一会儿就被母亲逮了回来；草长莺飞的时节，我还喜欢在碧波荡漾的溪流里舀一盆蝌蚪回来养一段时间，放点石头和青苔，看看它们的尾巴到底有多神奇；到了秋天，家里那几棵柿子树真是硕果累累，我会摘几个半生不熟的塞米缸和糠里，比比谁熟得快；冬天也不闲着，找几个窄口玻璃瓶子装满水，搁在猪圈沿子上，幸灾乐祸地盼第二天起床时玻璃瓶子崩裂成两截……

父母认真考虑了我要去县城实验初中读书的想法，并最终由父亲很郑重地告诉我结果，结果是不同意。父亲用了一句老话："是金子在哪都发光！"我清楚地记得这句话是因为父亲用了两次，一次是打消我去县城实验初中读书的念头，还有一次是打消我报考镇上初中重点班的念头。

当时我不懂，后来大了点，才渐渐体会父母的不易，原来去县城实验初中读书要多花不少钱，报考镇上初中重点班也要额外多交一笔费用。

那时的乡村普遍贫穷，家里的主要收入来源就是望天收，一年到头起早贪黑地忙，也忙不到什么钱。记得小学每天放学回去，家里养的几只鸭子都早早地蹲在院子里，一听我开院门就前脚跟后脚地追着我，因为我总会去西房的蛇皮袋里舀一瓢稻喂它们。后来，它们大了，父母就把它们全卖了，一只都不留，鹅也是。说来可笑，农村的孩子都不知道鸭肉和鹅肉是什么味道。看着开摩托车的把它们塞进后座两旁的竹篓里远去，我心里很不是滋味。不过还好，鸡不卖，因为鸡要生蛋，逢年过节宰一只或红烧或煲汤，有公鸡的话先宰公鸡，所以，鸡窝里基本上都是老母鸡。

提到老母鸡，我倒突然想起一件糗事。那时候每年开春，家里的一窝小鸡都是老母鸡痴痴呆呆地孵化的，有一次我看老母鸡领着一群毛茸茸的小鸡仔晃到草垛根觅食，草垛旁是块小池塘，我经常在那里摸鱼捉虾，或是自己的哪个动作惊到了这群小鸡仔，但见那只老母鸡扑腾着翅膀，鸡毛全都竖了起来，喉咙里咕咕直叫，冲上来就要跟我拼命。那架势吓得我撒腿就跑，一溜烟跑到堂屋关上门才算躲过一劫，透过门缝瞅了小半天，感觉没动静了才敢出去，我至今都记得那只护犊子的老母鸡长什么样。

父亲说得没错，是金子在哪都发光。我在镇上读了一个很普通的初中，连报考镇上初中的重点班都不再奢望。我们那一届共有6个班，其中有2个重点班，颇为讽刺的是，中考放榜后，全校的状元、榜眼、探花——我占了其中一席——只有一位出自重点班，且不是状元。后来，我如愿以偿被县中的重点班录取，时隔三年，终于以另一种姿态步入县城的学校，这真是件给父母长脸的事。

兵荒马乱的青春里，比父亲"是金子在哪都发光"这句老生常谈的话更让我记忆犹新的，当数教了我两年初中英语的恩师陈诗伟那石破天惊的一句："王楼，你是一个干大事的人！"

"王楼，你是一个干大事的人！"用石破天惊来形容这句话并不为过，因为，这句充满了笃定和期许的话本不该以开场白形式出现，但事实是，它毫无铺垫，似滚滚春雷蓄势滚到了初夏的这个节点突然炸裂般从空气中传来。恩师说得清楚，我听得分明。

那一瞬，自有生以来，世界出奇地安静。

恩师陈诗伟当年很年轻，尚未婚配，外地人，据说家境不好，和姐姐相依为命。镇上的小学和初中距离不远，我读六年级的时候，有一天吃完午饭还跟他打过乒乓球，他说等我们小学毕业后就教我们，果然，一语成谶。

他在我后背轻轻敲了几下，示意我跟他去隔壁的办公室。偌大的办公室就我俩，空气要比教室里清爽很多，待我于对面坐定，他便以不容置疑的口吻说出了我永生难忘的第一句话："王楼，你是一个干大事的人！"

恩师喊我来办公室做甚？应试教育的题目基本上换汤不换药，一窍通，窍窍通，考前谈心于我已纯属多余。显然，恩师跟我的对话虽是谈心，但并非狭义上的考前谈心，因为他只字未提"紧张"这类字眼。多年后的某个瞬间，包括此时此刻，我甚至怀疑那都不是恩师的本意，而是一种神奇的外来力量要借他之口告诉我点什么。

我已经忘了彼此对话的具体内容，只记得自己随后讲了点家庭境况，别无其他。但"王楼，你是一个干大事的人！"这句斩钉截铁的话却鬼使神差般留了下来，像是梦醒的瞬间拖拽出的断章残篇。安静的办公室、茂盛的垂柳、清凉的微风、阵阵的蝉鸣、懵懂的少年……往事如昨，多么神奇而柔和的一个梦境。

　　我那颗年少的心剧烈震颤，大地开始龟裂，河水开始沸腾，那句好似从梦境里拽出来的有且仅有的一句话是一场梦的终点还是起点？仗剑走天涯的年纪，这是多么动听的一句话，像极了远方——日升月落的远方，不管世界多么黑暗，地平线总有若隐若现的光指引着我、召唤着我。由此，一生便成了追寻，而寻找，终会寻见。

　　无可否认，恩师的这句话让我痛苦至今，当然，也让我幸福至今。

# 第三折　村里的星星之火

"王楼，你是一个干大事的人！"这句话一石激起千层浪，它同样提醒了我回忆过去。

我在过往的十几个春夏秋冬里、在纵横的阡陌间、在为数不多的面孔中仔细搜寻，到底是什么让恩师做出如此判断？又有什么可以作为自己未来的依凭？终于，我找到了一点星星之火，一座足以骄傲地向世人宣告的里程碑。

那是一个阴天，我坐在村里小学的教室里正盼着下课，下课铃声是我们每天盼了又盼的好消息。教室的窗户每年都会刷上崭新的红漆，透过北面那两扇，可以看到一条毗邻的小河，小河里有很多鱼，因为我见过有人踩着船头来回晃，水波荡漾间，但见河面上一条条大鱼飞蹦而起，场面真是壮观极了，有些鱼会落到船上，农人看差不多够了，就把它们捡到竹篾编制的鱼篓里，随后哼着小曲撑船离去，小河渐又平静如初。很多年后，我写过"龙门鱼跃，欸乃山河醉"之类的词句，意境便取自当年。小河北面是一片宽阔的土场，我们放学后三五成群地在上面总有耍不完的乐子，土场再北面是一望无际的田野，偶有班里哪个同学的家里什么人扛着农具忽地从窗外经过是我们上课时最大的窃喜。

下课铃声迟迟不响，教室最前面却传来了正襟危坐的班主任语文老师的声音："王楼，来一下。"我的心骤然提到了嗓子眼，因为教了我两年语文的班主任素来不苟言笑，这两年里，我被狠狠地罚过至少三次，印象最深的一次是，我说一个男生喜欢一个女生，那个女生跑去告诉班主任，以致我被罚手臂向前平举、屈膝半蹲一节课。

听到班主任唤我的瞬间，我暗自狐疑，是我开小差被发现了吗？是我昨天的作业没写吗？是我书包里的纸炮、卡片和玻璃球被发现了吗？是我跟同学闹矛盾被揭发了吗？还是刚刚结束的期中考试考砸了？别说班主任了，我父母都头大。小时候在家写的保证书有一沓子厚，刚会画画还没学几个字的时候就开始写保证书了，基本上都是为打架、贪玩、偷钱、不写作业、考试没考好这些颠来倒去的事，抽屁股、罚跪一炷香、关小黑屋，以及最后写保证书是母亲专治我的"一条龙服务"，那时候我脾气犟得宁折不弯。

讲台上果然放着一摞刚批阅完的试卷，班主任正看着《宝应日报》，我再熟悉不过的一份报纸，因为班主任让我们每人订阅了一份，每周都要背诵一篇上面刊载的优秀作文。

"你不得了啊……"班主任扭头瞥了我一眼，悠悠地说了句。

我的个头跟班主任坐着的高度相仿，本来心里就有鬼，被班主任没头没脑的这么一句更是说得十五个吊桶打水——七上八下，所以，我选择了一声不吭，就直杵杵地站着。

班主任侧过身，把报纸递到我跟前，脸上突然闪过一丝笑意，说："考了个第三，又在《宝应日报》上发了篇作文，你真不得了啊！"

"啊——"原来如此，我在心底长吁了一口气。

我赶忙接过最新一期的《宝应日报》，这是我们县城的一份报纸，黑白印刷，印象里一直是四版，其中有一版是作文，每期都会遴选全县中小学生的优秀作文刊登。班主任布置我们每周要背诵一篇，每个同学轮流上台背，卡住或背错多少字就算不合格，不合格就不准回去，或者，要罚抄很多遍，所以，我们私下无一不对这份报纸恨之入骨。

但是，从班主任手中接过报纸的那一瞬，我突然毫不犹豫地爱上了《宝应日报》，因为，我的一篇作文《路》被班主任推荐发表了。也就是说，绊脚石竟成了垫脚石，另一种更形象的比方是，我从"被欺凌者"摇身一变成了"施暴者"。那一周，全班都捧着报纸背诵我的作文，而我理所当然地得到了豁免权。我已经忘了自己当时坐在台下是何等春风得意，但一定极力压制着与"在报纸上发表作品的作者"身份不符的表现，且在极其复杂的心理裏挟下偷偷地、深深地自我陶醉。我完全有理由相信，对很多同学而言，那是他们此生背得最难忘的一篇作文。

比起虚荣或幸灾乐祸这类作怪的心理，更让我兴奋的当数稿费。我意外地收到了一张十块钱取款单，按要求去镇上的邮局兑换，这真是喜不自禁的一件事。骑车去邮局的路上，迎面吹来的风似乎都在夸赞我、讨好我，邮局的工作人员简单地问了几句，譬如"哪位老师让你来的"之类，但在我看来，他们友好的态度、敞开的大门和整洁的环境像是特地为了迎接我的到来。

那一笔稿费确实让我兴奋了很久，颇有富可敌国之感。我随后在学校商店里买了最贵的陀螺，花了八块钱，剩下的钱买了些小零食，总之包了。

说来可惜，我手头如今早没了当年那份《宝应日报》，母亲说家里收拾东西时这边放放、那边放放，后来竟也不知放哪了。那时候，包括我在内，没有人会意识到这份小报上的一则小文《路》对我未来的路会产生多么深远的影响，我的兴奋点仅止于全班背诵我的作文和我拿到稿费这两件事。

"要得富，先修路。"这是《路》的开篇一段，也是我唯一能一字不差背出来的一段，至于全篇，徒留鲜明的轮廓：上学时的土路变成了砖路，再到镇上最好的柏油马路……

2020 年末，我们县城的高铁站顺利通车，这是一件具有划时代意义的大事。以我自己为例，从南京回老家仅需一个半小时，且早晚有很多班次可选，便捷自无须多言。

家乡素有"荷藕之乡"的美誉，相信高铁这条高速之路的顺利开通必将使我的家乡承载起更多的新时代使命，作为家乡人，发自内心地骄傲，也在此送去最诚挚的祝福和期许，希冀明天更美好。

此时此刻，突然很想念这位递给我报纸的恩师，他叫许庆友，那一年，我在村里读四年级。四年级读完后，村里小学便合并到了镇上的中心小学，他被分配到镇上的初中当了宿舍管理员，后再无消息。您现在还好吗？一路走来，您当年的得意弟子不仅在刊物上发过文章，还出了书，您知道吗？应试教育中摸爬滚打，原谅我自私的无暇，人在天涯，如果您还不曾从旁人口中听说我的名字，那说明我做得仍不够好。希望有一天，或是某个阴天，您悠悠地说一句："哦，王楼啊，王楼……"

辗转经年，路越来越好，词汇越来越多，而我却再也写不出那条动人的小《路》。

# 第四折　醉酒的父亲

父亲不会喝酒，但却酩酊大醉过一次。

关于时间，父亲前些年偶然间慨叹的一句话或是我此生听过最新奇的一种表达，他说："1999 年年底的时候最不习惯，活这么多年，竟然还有'2'开头。"

世纪之交前的一个冬日清晨，鸟雀在院旁的那棵水杉树上聒噪个不停，那时的冬天还像个冬天，一如既往地寒冷，好在阳光异常地干净明媚。我记不得是 1999 年还是 1998 年了，但一定不会早于 1997 年，因为我已经上学，且开始记事，那天是周末或者寒假。

母亲在廊檐下拾掇了一条长板凳，郁郁寡欢地织着毛衣。我的个头跟小树苗一样噌噌往上蹿，母亲每年过冬都会换着花样给我织一件毛衣，顺便纳一双来年开春穿的布鞋。母亲做姑娘时学的便是缝纫手艺，他们那一代人里，除了瓦匠至今仍比较吃香外，其余的行当似乎均已日渐式微甚而销声匿迹。

我小时候喜欢缠着母亲，那天照例趴在她的腿上，偶尔摆弄摆弄一旁的线球。母亲突然说："去汤罐里打碗水，放点糖，和好给你父亲喝。"汤罐如其名，像一个盛汤的罐子，有的人家用铝皮制成的汤罐，但大多数人家用的是土陶制成的汤罐，它正好卡在灶膛烟火通往烟囱的要塞处，灶膛的余火足够加热汤罐里的水，也算物尽其用。

百无聊赖的我按母亲说的跑去厨房，掀开汤罐的盖子，用手探了下，水是温的，随即舀了碗，再翻出糖罐子舀了一小勺糖，和好尝了尝，有甜味了，便小心翼翼地转身端给身后的父亲。

冬日清晨的阳光透过东窗的木格子射了进来，父亲正倚着灶台对面的墙瘫坐在地上，墙和灶台的间距勉强能让他把腿伸直。厨房的地面是坑坑洼洼的泥地，跟河堤一样，早被踩得光滑而坚实，湿点水绝不会泥泞。

父亲手里紧紧攥着一瓶酒，两块钱一瓶的当地酒——

宝应二曲。我不知道父亲喝了多少，只记得他满脸通红，在透过窗格子的阳光映衬下尤为明显。爷爷开小店，顺带摆了些烟酒在我家寄卖，西山墙上至今仍可见石灰刷写的"方便小店"字样。父亲一句话没说，接过我和好的一碗糖水，咕噜咕噜喝了个精光，然后闭上眼，继续一声不吭地瘫坐着。

农村有句老话叫："穷杠嗓，富烧香。"意思就是穷人家经常吵架，富人家才有闲情去庙里烧香。那天的清晨跟往常并无二致，我记不得父母是什么时候吵的架，如今想来，应该是在我还没睡醒的时候吵的，导火索或是鸡鸭鹅鸟，或是锅碗瓢盆，但究其根源，还是家里太穷了。我曾在书里写过关于父母的一些片段："母亲嫁给我父亲后依然勤俭持家，日子就这样一步步过了起来，也一天天地好起来。要知道，稳住，很多时候本身就是一种前进。"书里没写的是，稳住，真的太考验人了，考验的同义词是：折磨。

父母这么些年吵架的次数寥寥可数，最近一次大吵是我读初中的时候，那一次我差点跟父亲打架，也出言不逊说了些伤到父亲的话。父母吵架的起因是大伯三番五次跟我家借钱，他家孩子那时候耽于游戏和赌博，屡教不改，欠了不少高利贷，因为血缘关系，大伯开了口，父亲推不掉，但当家的母亲肯定是一万个不情愿。"槽里吃食，圈里蹭痒。我们的钱是十根指头一个爪子一把泥苦回来的，他都已经快活得没地方抓痒了，把我们家当取款机吗？"这是母亲的话，而我，总是站在母亲这一边。时至今日，我仍然觉得父亲借钱给大伯是愚蠢至极的一件事。

那一年冰冷的冬天，父亲喝着冰冷的酒，瘫坐在冰冷的地上，母亲也似屋檐上的冰凌冻住一般，只有我在他俩之间来回穿梭。而我却什么都想不起来：母亲织的毛衣是什么颜色？父亲在地上瘫坐了多久？他俩随后又是何时开始说话的？那一年，父亲还没我现在年纪大，呵，少年总是多愁，但那一年又到底是世纪之交前的哪一年呢？

后来，父亲便再没喝醉过，确而言之，是不再碰酒。

父亲瘫坐在地上的场景倒让我想起另外两段往事：一次是我小姨出嫁，一次是我重回南京。

小姨出嫁前，父亲、舅舅等人陪同去县城置办嫁妆，毕竟很多大物件要有力气的男人来搬，我也去凑了热闹。他们在县城最大的商场逛了很久，我坐在商场外的台阶上帮他们看车，不知何时，我一扭头，发现穿着一套淡蓝色的确良衬衫、戴着一顶草帽的父亲正坐在我右边不远处歇脚。我身后的橱窗里摆满了诱人的玩具，也能嗅到商场里美食的阵阵喷香，当时好想让父亲给我买点什么，但始终没开口，那一瞬，我清楚地记得自己暗暗发誓，等我长大了，我要买下整座商场。

小姨出嫁那天我正在上课，遂没能去成，回来发现父母给我捎了大半瓶看上去跟酱油一样的饮料——可乐，我从没喝过这么好喝的东西，至今记忆犹新。

重回南京是我人生的一大转折点。我在南京读了四年大学，当很多人毕业前忙于求职的时候，我已经比他们早半年有了归属，因自己一直盯着书，且赶上网络自媒体的东风，跟我渊源颇深的翔宇教育集团总校长卢志文先生邀请我加入总校办公室负责文化相关的工作，这不失为一段历史佳话。毕业后，我随集团高层去了温州新校区，在那里待了一年的样子，我的野心并不能得到满足，且似乎看透了未来的路，所以，我的心渐渐不在那了，后来，人也终于不在那了。

让父亲陪我去南京是母亲执拗的意思，因为考虑到大包小包，母亲怕我一个人顾不全。读书时在校内，工作了仍在校内，我那时尚未切身体会到一道校门之隔的校外是

多么冰火两重天，刚回南京租房子就被不正规的中介公司骗了。父亲一路扛着最大的一个包，陪我坐在一个老小区的巷子旁，从中午一直坐到太阳下山都不见对方人影，打了好几番电话都说在路上。父亲隐隐觉得是骗子，起初我还不太信，但后来的事实证明，父亲的感觉没错。再后来，我打电话给南京本地很要好的一位大学同学，他二话没说给我订了一间酒店落脚。我在他的指引下通过一个靠谱的平台找到了一处安身之所。

父亲在我安顿下来之后的第二天赶早班车回了老家，十平方米不到的房间里，父亲陪我挤在一张小床上，他睡在外侧。那一晚，我不知道自己是怎么睡着的，感觉很对不起父亲。那一年是2015年夏天，到了2020年夏天，时过境迁，已有人要送我一套市区依山傍水、价值几千万的别墅，这是佳话，也是后话。

我是家里唯一会喝酒的，酒量还行，用母亲的话就是："脱代了！"有时候，我真的希望自己也能像父亲当年那样喝醉，但是，我不敢，连感冒发烧都不敢。

如果真要醉的话，那就彻彻底底做一个长长的、大大的梦吧，踩到《山海经》便是这个永不复醒的梦的开始！

# 第五折　家园落日

《山海经》里有一位神仙专门负责折射光线的影子，当太阳滑过头顶，他便把本来投射在西方的影子拨向东方。这真是一个新奇而浪漫的想象，原来时间都有人在偷偷替我们守护，天地由此温存。

太阳是乡村的钟表，不一定所有人都看得见日出，譬如赖床的稚童，但肯定所有人都会在意日落，因为那是家最像家、家园最像家园的时候。

年少时的某个傍晚，我背执双手，立于菜园子门口，望着西沉的落日兀自出神。那天家里做事情，父母两头的亲朋都来吃饭，我突然听到大姨在院子里问我妹妹："你猜哥哥在想什么？"妹妹答曰不知。我暗自好笑，假装没听见。

　　我对着田野尽头的落日在想什么？这确实是个问题。小时候望着落日，盼着田地间劳作的父母早些归来，可长大了呢？我很认真地思考了这个问题，直至后来的某个瞬间，终于在年少的时光里，找到了一场最安静、最厚重、最磅礴的家园落日，那一场年少时的家园落日，是我此生最难忘的一场落日。

　　那一天，残阳如血，我与教育进行了一场无声的决裂，更对自己进行了一场沉痛的鞭笞。而故事，与我太爷有关。

　　以前家里有艘船，父母经常开它出去弄鱼弄藕，很晚才回来，后来船换成了三轮摩托车，卖瓜果蔬菜及农村里用得着的各种便宜货，反正是农忙时忙，农闲时更忙。我那时就喜欢坐在太爷的床头等，等院子里的大黄狗突然叫起来，父母就回来了。太爷的卧室在院子的西南角，他就坐在床上倚着墙陪我，冬天的时候，他总会倒点酒在瓶盖子里抿两口驱寒，然后有一句没一句地聊点什么。

　　太爷的弟弟是烈士，18岁在金门岛战役中牺牲，镇上的烈士陵园特地给他立了一块碑，每年清明我都会随家人去祭扫。记得小时候镇政府每年春节都会派人前来慰问，送抚恤金、送吃的、送挂历，还会在太爷的门口贴上印有"光荣人家"四字的红纸。村里很少来人，更很少来外人，这种庄严的仪式感持续了很多年，以致莫名地、深深地触动了我。

或是太爷岁数大了，他在我印象里是个非常看得开的人，每次我考第一都会最先想到他，恨不得从学校一个蹦子蹦到家，因为他会奖励我一笔巨款，从最初的十块二十块，变成最后的百元大钞，且是两张百元大钞。太爷不种地，也没副业，他的收入来源就是镇政府每年发放的抚恤金，小几千块钱样子，说多不多，说少不少，因为在农村，只要不生大病，除了上街买肉花点钱，平时都没有开销。

太爷喜欢坐在那个被他磨得油光发亮的小爬爬（江淮官话，小板凳）上，饶有兴致地对着夕阳仔仔细细地观摩我的奖状，他总是笑意盈盈。后来在课本里学过归有光感人至深的一篇文章《项脊轩志》，里面有一段归有光大母的话："吾家读书久不效，儿之成，则可待乎！"我想，太爷的盈盈笑意里多少沾了点这个意思。

与太爷之间最持久的仪式当数每年冬天去隔壁村的澡堂子洗澡，每周末一趟。吃过早中饭，把提前在院子里晒热的衣服收拾停当，太爷便挂着那根同样被他磨得油光发

亮的拐杖来催我。我一手拎着衣服，一手搀着太爷，一老一少顺着河堤晃晃悠悠地朝隔壁村进发，一路的熟人都笑话我俩是算命的。大黄狗总爱跟路，要撵很多次才能撵走，但有一次始终没撵走，罢了。

太爷习惯在耳后别根烟，他出门随身就这么一根烟，且不带火，遇到唠嗑的熟人就把烟递给人家。他的慷慨总能得到回报，对方会回敬一根烟，且替太爷亲自点上，这种驾轻就熟的礼尚往来好似全然在他的掌握之中。

关于吸烟，我曾写过一篇文章《吸烟小趣》，倒还真跟太爷有关，摘抄于此：

我不会吸烟，但并不代表我不曾吸过烟。

那完全是孩提时代出于童真的好奇才做出来的事情，那时老太爷还健在，我也才上一二年级，每次打学校归来都看见老太爷拾掇一条小凳子端坐在院子里，手里夹着一根很便宜的卷烟，跷着腿，眯着眼，喷云吐雾间的神情简直美煞旁观者，赛似活神仙说的便是此理。

我不知道从何时开始被灌输了这样一种观念：吸

烟是大人的特权！似乎这是很符合传统伦理的，我对此也没有丝毫的质疑，小孩子总是这般单纯。但小孩子甚至包括所有成人在内都有这样一种天性，就是对于未知的好奇与尝试欲望，这种原始的驱动力完全是一种与生俱来的领悟，许多人不曾有过这样类似的经历体验只是因为缺少适当的时机刺激，或是旁人灌输的道理压制住了自己内心的冲动。

我最终还是冲动了一回，在我老太爷午睡时这样一个绝好的时机，偷偷摸摸潜进南屋内，轻车熟路地摸到了老太爷床头柜子里那还剩几根烟的烟盒，出于良心的考虑，我只拿了两根，还剩两三根留给了老太爷，然后就一溜烟地跑出去了。这让我在日后深刻体会了老祖宗留下的两句俗语，一句是家贼难防，还有一句就是不怕贼偷，就怕贼惦记。

等父母都下田时我便走到了厨房的灶膛那儿，因为那儿放了好些火柴，况且蹲在那儿也不容易被人发现，所以我可以慢悠悠地好好享受一回。

而后来的事实就是我并不会吸烟，只是很纯粹地吸一口再从嘴里吐出来，也不曾像人们所说的那样咽下去或是从鼻孔里冒出来，所以匆匆地把两根烟抽完便很是失望地拍拍屁股起身走了，吸烟没意思这样一种概念便根深蒂固地生长在了我的脑海里，直到现在依然如此。

我一度以为老太爷的表情是装出来的，或是他精通了某种类似于武学秘籍的心法，按武林的逻辑，自古英雄出少年，可能我真的没有这样的慧根和天赋吧。

如若说结局是平淡的倒也罢了，但我退隐烟界的过程非得要被人横加干涉一下才显得正式些。我原以为老太爷上了年纪不会注意到烟盒里少了那么两根烟，当然了，这完全是我单方面的自以为是，一个嗜好对于一个人而言往往比衣食住行还重要，似乎等我明白这个道理的时候已经为时已晚了。最终执行家法的是我父母，准确点说是我母亲，向来都是这样，父亲只是观战偷乐。接下来一条龙"服务"便全由我消受了：抽屁股、烧香罚跪、写保证书，或是关进黑屋子都早习以为常。这便是我退出烟界江湖的惨痛经历，一肚子的冤情更与何人说，但也让我明白了这样一个道理，对于贼，法网恢恢，疏而不漏。

　　家里人只是希望以此作为教训，生活毕竟还是要继续的。老太爷也继续抽烟，他说他以前抽旱烟，后来有了卷烟，跟大多数乡村里的人一样，出门时他总喜欢拿根卷烟别在耳朵那儿，遇见熟人就递过去唠嗑，别有趣味。就像我一直在琢磨吸烟有害健康，而天下人依然乐此不疲的悖论，最终只能不求甚解，欣然会意便好，否则定会落得个我笑天下人太疯癫，天下人笑我看不穿的结局。

　　这篇文章是我刚到南京读大学时写的，文章里的事是很多年前的事，一转眼，这篇文章本身也成了十多年前的事。

　　我搀太爷去洗澡的那个村叫团庄，与我们村就隔了一条大河，一河之隔，便隶属不同的镇子。说团庄可能陌生，但《柳堡的故事》这部电影我相信稍有见识的人一定知道，没错，团庄就是《柳堡的故事》这部电影的发生地和拍摄地。

　　太爷是个很会享受的人，洗澡前喜欢先去他经常光顾的一家理发店修理一下头发，就算头发不长无须打理，他也会让店老板刮一刮鬓毛、掏一掏耳朵。团庄有两家理发店，就属太爷经常光顾的这家生意最好，我们去的时候总要坐

在一条长板凳上排队，然后一屋子人就自来熟了，那时的人似乎总是闲得很。我记得理发店的墙上贴了张四方红纸，上书"童言无忌"四个大字，想来是碎嘴的大人多，等的时间长了点，像我这般大的孩子又没多少耐心，免不了乱说话，店老板的讲究由此可见一斑。店老板是位个头不高、有点驼背的小老头，性情很是和蔼可亲，总是忙得不亦乐乎。他的店面跟他这个人一样，又小又矮，但很敞亮，说是店面，实则就是把堂屋稍加修改，北面便是厨房，东面则是卧室，这股洋溢的生活气息或是生意兴隆的原因之一。大黄狗没撵走的那一次，估计我跟太爷进了澡堂子，它找不到人，第二个周末去理发店时，店老板说："你家的大金宝上次在这边趴了半天等你们。"

前两年途经团庄，我特地留意了一下这家理发店，它竟然还在！墙体被粉刷一新，门开着，很安静，或是阴天的缘故，在马路对面望去，我总觉得少了点什么。店老板应该很老了吧？是他儿子或是什么亲戚在打理这家店吗？我没敢多想，也不忍心看清，随即匆匆离去。

澡堂子在团庄的最东面，我那时对洗澡并没什么兴趣，像嫩菜下开水锅焯一下即可，纯粹应付，倒是对澡堂子里卖的馄饨垂涎三尺，说我是为了吃一碗馄饨才愿意去澡堂子洗澡也不为过，而太爷似乎从一开始就看透了我的小心思。澡堂子的馄饨很便宜，一块钱一碗，就是筷子沾点肉末在面皮上滚一下的那种，但味道特别鲜美，泡完澡出来吃一碗，简直是人间美味。太爷自己不吃，但肯定会给我点一碗，他喝我剩下的汤。有一天，我突然明白，村里的人说不喜欢吃都是骗人的，道理总是很晚才明白。

我刚到镇上读初中的一个暮春时节，太爷晨起在门口的水池那儿摔了一跤，额头跌得全是血，自此伤了元气，后来总是卧床，再后来，大小便开始失禁。我心底有种很不好的预感，转眼，时已寒冬，父亲某天中午突然开着三轮摩托车来学校找我，说太爷不行了，想见我。其实，在父亲没开口之前，我看他的表情就猜到了，遂赶忙随父亲回去。

我到的时候，家里来了好多亲戚，但太爷最想见的那个人是我，因为在他晚年的十几年里，只有我近乎朝夕相伴。太爷穿好了寿衣，仍似当年那般坐在床上倚着墙，他的寿衣是很多年前就买好了的，当年差个死，后来睡了段时间又莫名其妙地好了，清醒后说下去过一趟，阎王爷勾

错了，又补了十年阳寿。太爷差个死那次我虽年幼但有印象，他当时的卧室在北房，后来才搬到了南房，北房改成了家里放粮食和杂货的仓库。太爷曾跟我讲过这事，我听着像一个玄之又玄的神话故事，就没放在心上，而当他89岁如一棵干枯的老树自然老死的那年，我猛然想起这事，这事的终点是确定的，起点虽不能记得太精确，但大致推算，竟无限接近十年，我心底的波澜可想而知。

我一声不吭地坐在床沿边，任由太爷用双手紧紧地握住我的一只手，能感觉得出，他的手比我还热乎。太爷的气色尚好，仍笑意盈盈地说了很多，但我一句都记不得了。过了会儿，母亲说家里还没烧午饭，我说没事，我回学校吃，学校还有课，于是父亲又载我原路返回。

回学校的路上，以及回学校之后，我的心理是复杂的。太爷真要走了吗？是谁发现并决定他要走的？我为什么要赶回学校？见完我之后，太爷才会走吗？我为什么一点不悲伤呢？这种复杂的心理持续了三天，我时不时地望着教室窗外，父亲并没有再来找我，这意味着太爷还没走。

第三天傍晚，也是周末放假前的傍晚，我莫名地舒了一口气，收拾好东西准备回家。骑到半路，我突然发现大伯开着摩托车载着我父亲从对面呼啸而过，他们并没有停下来的意思，我连招呼都还没来得及打，就望着他们在尘烟里朝镇上驶去。"坏了！"我心头一惊，赶忙拼尽全力蹬着自行车往回赶。

这真是个天大的玩笑，难道就差这一点点时间吗？身后的夕阳把我的影子拉得老长，路似乎也被拉得老长，那是我骑得最快，也最慢的一次。

大黄狗老远就朝我扑来，我初中在学校寄宿，每周回来一趟，它总是兴奋得尿一地。家里异常安静，连蜡烛的火苗都像静止一般，亲戚及年长的乡邻有条不紊地忙碌着，没人大声说话。太爷已从南屋搬到了堂屋，躺在一张铺好的门板上，就在堂屋东侧我满墙的奖状之下。

母亲说太爷刚走没一会儿，他一直在念叨："王楼什么时候放学？王楼什么时候放学……"母亲说："快了，快了……"太爷是家里唯一一个喊我原名的人，以前为这事还发过火，他不准别人叫我"小楼"之类，包括我父母和爷爷奶奶。母亲还说，太爷临终前想吃一口平生最爱吃的桃酥，看得出，母亲没有撒谎。

我依旧一声不吭，也没有一丝的悲伤，反倒觉得堂屋

里有一种莫名的祥和之气，这真是个奇怪的心理反应。

母亲继续说道："老太爷临走时说的最后一句话是'保佑王楼上大学，发大财'！"

"哦，上大学，发大财！"我在心底默默地重复了这句话。

按习俗，停尸三天，当天不管什么时候走，便算第一天。我始终复杂的心理一直持续到第三天太爷入殓之前，在堂屋门槛外跪下磕头的一瞬，我的眼泪竟如开闸泄洪般涌了出来，连同眼泪喷涌而出的还有这么些年挥之不去的美好记忆，那是我第一次面对死亡。

跪下的那一瞬，我恨死了自己，也恨死了教育。我为什么不能在太爷的生命尽头多陪陪他？哪怕是一分钟，或者三十秒，十秒也行，只要不是闭眼的最后一秒。那一瞬，我断定：自己是有问题的！教育也是有问题的！

印象里别人家的丧事总是夹杂着阴雨天，而太爷的丧事太阳却惊人地好，从早到晚。周五正好放假，周六周日做事，周一天没亮火化之后我照常回学校上课，太爷离世的时间点巧到像是什么都没发生过一样。太爷一辈子没进过医院，不打针不吃药，最后确实如一棵干枯的老树自然老死，无病无痛，想来也是喜事。母亲背地里不止一次夸他：

"老太爷打了一世算盘!"

后来,我每次抬头看天的时候,总会不自觉地想起太爷,因为,去澡堂子的路上他经常会教我一些看云识天气的经验,比如日薄西山时,如果乌云堆得比较高,那未来两天十有八九会变天。后来我在课本里学过这类气象小常识,但太爷一生的宝贵经验,岂是书本上冷冰冰的文字可比?

太爷就我爷爷一根独苗,所有的家产理所当然全部交给了我爷爷,除了这辈子省吃俭用攒下来的钱,剩下的家当其实也值不了什么钱。当然了,这是搁现在的看法,若放在过去,父子、兄弟分家,一双碗筷都是要争得面红耳赤的家产。太爷叮嘱我奶奶,等我上高中了,要给我 1000块钱,其余三家的孩子只给 800 块钱。人情冷暖,原来太爷也是心里有杆秤的人。母亲后来说,我奶奶确实照做了。

"上大学,发大财!"呵,多么朴实无华的一声嘱托!多么刻骨铭心的一份希望!多么不容置疑的一道命令!

## 第六折　背影

　　父亲趴在堂屋的大桌上一笔一画地告诉我未来要走过的教育之路时，我完全不能理解。

　　那时家里每年收割的稻麦就堆在堂屋东侧，几十个鼓鼓的蛇皮袋摞得小山似的，每天爬上爬下是我放学归来的一大乐事，爬到最上面比灯泡还高。跟很多村里人家一样，即使是堂屋，我家也舍不得用瓦数太高的白炽灯，且天不黑到一定程度，家里也绝不开灯，用母亲的说法就是："饭又不会吃到鼻子里。"我的思绪就好比那仅能照亮一屋的白炽灯，我只关心下学期开学会不会换班主任，因为换班主任就不用检查之前假期布置的作业。

　　父亲在纸上从幼儿园写起，接着是小学六年，再接着是初中三年，接着高中三年，然后是大学四年，再然后是硕士三年，还有博士这些名堂。父亲说："不读书，没出息。"我在一旁很认真地扒着手指头。

在我决定写这本书的时候，其实我心底里一直盘算着要好好写写母亲，但我惊讶地发现，母亲竟跟水一样，以致我无从抓起，尽管她是与我形影不离且对我人格熏陶影响至深的一位。父亲虽很少说话，但他的轮廓却日益清晰。

父亲是我的英语启蒙老师，教会了我不少简单的词和短语，说来也巧，小升初后，当年教他英语的老师刘克祥还教了我一学期。父亲常挂在嘴边有且仅有的一句英文是：Long long ago, there lived a king.（很久很久以前，那里住着一位国王。）是的，很久很久以前，关于父亲的轮廓，我在《逆风追风》一书里有过一段回忆：

> 晨起半梦半醒，误以为是很多年前的一个早上，那时我跟父母睡一屋，我睡在靠南窗的沙发上，南窗外的院子里有棵水杉，每天清晨都有很多鸟在树上把自己聒噪醒。"家住吴门，久作长安旅。"那棵水杉早已不在了，那些曾让我心烦意乱但又习以为常的鸟儿

的曾孙玄孙云孙耳孙也不知相继多少代了，想来我跟他们还算世交。

印象里最深的一个清晨是初夏的一个，那时我刚到镇上读初中，内心似有一头看不见摸不着的小野兽觊觎着全世界，也蠢蠢欲动着想丈量并定义这个世界。那天早上下着小雨，天刚麻麻亮，院子里的泡沫盒和低矮屋檐上的铁板有条不紊地拨弄着平仄，我听见父亲穿着笨重的雨靴在院子里走动着，我知道父亲是要赶早去把昨夜的虾笼收回来。院门"嘎吱"一声，低沉的雨靴声在巷子里渐行渐远。奇怪的是，我闭上眼却看见了一个愈加清晰的背影，那是任何一种"少年不识愁滋味，爱上层楼，为赋新词强说愁"都不能描述的滋味，那种醍醐灌顶的力量我至今记忆犹新，浑身的每一个毛孔似乎都在接受洗礼，五脏六腑焕然一新。我好像突然握住了什么，一个所有人都在孜孜以求但又不可强求的东西，姑且名之为意义或道理吧，那一天，我正式定义了生活的意义：抱守平凡而心存富贵。

那时候的乡村真的很清苦，词汇跟物质一样贫乏，春播秋收是一家子最大的经济来源，田地里有一年到头忙不完的活儿，靠山吃山靠水吃水算农闲时赚点外快。我记得有一年，那时我依然很小，但已经记事了，晚上父亲从县城回来，从口袋里掏出两个首饰盒递给母亲，是一根金项链和一对金耳环，这原本该是个惊喜，可母亲却哭得稀里哗啦，不是因为感动，而是因为觉得父亲怎能做出这种浪费至极的事，遂大吵了一架。我记得那晚母亲坐在床上生闷气生了很久，父亲就在床沿哄，也不知哄了多久。后来，母亲一直戴着父亲送的首饰。村里的女人总是这样，一件首饰能戴一辈子，而且一辈子只戴这件首饰，送她首饰的这个人不管高低贵贱她也总能死心塌地跟一辈子。

很多年后，我去了远方，见了世面，知道了很多正确而冰冷的概念，比如市场规律，很多事回想起来便觉得可笑，但终会笑中带泪。父亲当年说得没错，金子不会贬值，但母亲也说得没错，金子能交学费吗？呵，原来他们当年争吵全是因为我……

《逆风追风》是我 20 岁那年的作品，手笔虽稚嫩笨拙，但不失真诚，沾满了乡村和青春的底色，出版之路坎坷异常，后来就搁浅一旁。20岁那年，父亲如愿以偿，他当年埋首替我描绘的康庄大道已被我一步一个脚印走过大半，在村里人看来，考上一所不错的大学就是鲤鱼跳龙门，光明的未来唾手可得，这是光宗耀祖的一件事。

家里没有人懂怎么填报高考志愿，我翻了翻省教育厅印发的册子，后来就随手填了个南京师范大学，青春似冥冥中注定般由此拉开序幕。南京师范大学虽说不错，但并非我本意，因为我平时的成绩保底是南京大学那种级别，最后莫名栽在了英语上。英语试卷总分120，我们班平均分是104，我平时是属于向上拉平均分的那一撮，但高考那次只考了96分，这是破天荒的一件事，因为我分明感觉考题很简单，不存在侥幸，更谈不上失误，我不止一次在想，是不是阅卷机器扫描答题卡上的铅笔印迹出了岔子？我甚至闪过复读的念头，再一想，罢了，来年说不定比今年还糟糕，运气所扮演的角色有时候虽拿不上台面，但它却是任何一场较量里生死攸关的决定要素。

记得大学英语第一课，老师用英文挨个提问："Why do you choose Nanjing Normal University？（你为什么选择南京师范大学？）"我坐在最后一排，轮到我时，我脱口而出："Because I got a low score!（因为我分数考低了！）"
多一句都没说。全班哗然，那一节课，所有人都记住了我，
我甚而还被英语老师钦点为课代表，多么离奇的一个故事。
学期末的英语考试，100 分的卷子，我考了 90 分左右，
也算得上名列前茅了，自此班里再没人说什么。

　　故事总是这样，起初你不习惯，后来慢慢依赖，直至
最后魂牵梦萦。借用山海英雄联盟系列开山之作《伏羲女
娲》里颛顼说的一段话："凡为过往，皆为序章。事情发生
了，就变成了本该如此。"

　　那一年，家里给我办了两三桌酒席，庆祝我考上大学
和即将到来的 20 岁生日。我记得那天是阴天，跟我的真
实心境一样，但不管怎样，我在那一年正式去了向往已久
的远方，一个比隔壁村、比镇上、比县城、比市区还要远
的地方——省会南京。

　　后来的某个晚上，我决定写一篇与朱自清《背影》同
名的散文，以此纪念一个谈不上多开心但却是崭新的故事
的开始。全文摘记于此：

　　　很喜欢龙应台《目送》里的一段独白："我慢慢地、

慢慢地了解到，所谓父女母子一场，只不过意味着，你和他的缘分就是今生今世不断地在目送他的背影渐行渐远。你站立在小路的这一端，看着他逐渐消失在小路转弯的地方，而且他用背影告诉你，不必追……"

我还不曾为人父母，也不曾很安静地看过谁的背影，因为背影总是跟离别牵扯到一起，所以在我去外地求学前的那段年少岁月里并不曾有过诸如伤感的情愫，也不能真正读懂朱自清笔下的背影该是一种怎样安静的厚重。

直到这样一天，父母帮我提着早就收拾好的包裹和箱子，小心翼翼地锁好院门，很笨拙地走到了镇上的车站，天刚微微亮，我们还要转车去另一个镇子上的路口等开往南京的长途客车，就这么一辆。

"就到这边吧！"母亲帮忙把东西塞好对着我说，"去了注意吃饱穿暖。"

"嗯。"我看着母亲的时候母亲正对我笑着，我突然不知道该说些什么好了，有种想紧紧抱住母亲的冲动，但是我最终并没有那样做。

"一起去玩一趟，难得这么一次，这么点路费就当是买了两包烟。"父亲转过身说道，他已经把东西全拾掇好了。

"对啊！"我点了点头。

按照原先说好的，是父亲陪我去学校报名，母亲并不想去，毕竟省一分钱是一分钱，我很能体会母亲的心思，也许用母亲的话说就是：你已经是个男子汉了！

起初母亲听我和父亲这么说的时候并没有答应，后来又变得犹豫了起来，在我和父亲的执拗下，母亲最终还是跟我们一起坐上了去另一个镇子路口的早班车。

天渐渐亮了些，该来的车子也如约而来，一路上并没有人多说什么话。车子里多载了好些人，有点挤，我们就是多出来的那些人，所以只能坐在过道里临时放置的小塑料板凳上。

父亲坐在最前面，紧紧地抓着我的行李，我坐在最后面，一个紧贴着一个，母亲会晕车，我看着母亲吐了一路，我问母亲的时候母亲总是摇着头说没事，我也不再问什么了。

到学校的时候天已经很亮了，有点闷热，父亲陪我去办理了入学的各种手续，然后去找母亲。我远远地就在人群中看见了她正在一幢教学楼的入口那儿等着我们，箱子包裹也都放在一起。

"去吃饭吧？"我看宿舍的东西收拾得差不多了就说道。

父亲点了点头，母亲正安静地坐在我下铺的床上。

"一起去吧。"父亲拽了母亲一下，母亲也就起身跟我们一起下去了。

食堂里的人很多，全是来自各个地方的陌生面孔，有跟我年纪相仿的，也有跟我父母年纪相仿的，"我吃不下。"母亲坐在食堂里的椅子上，我和父亲面对面坐着。

"那喝点水吧。"父亲说道。

"喝不下。"母亲摇了摇头。

我并没有多说什么，只是时不时地抬起头瞥一下母亲，而总会跟母亲的目光相撞，我能感觉得到母亲的气息在这样一个异乡之地听来竟是如此虚弱无力，三个多小时的颠簸对母亲来说该是何等漫长，而母亲并没有多说一句话。

"一个人要注意吃饱穿暖。"母亲在临走时说道，他们要赶来时的那路车，下午三点在东站发车。

我是一步一步陪父母从校内走到了校外，像来时那般，我以一种近乎笨拙的姿态在这个陌生的地方摸索前行着，站台在校外马路的对面，还要向西再走些。

"你回去吧！"父亲从车窗口对我摆了摆手，之前我丢给父母四个硬币用来上车投币。

我没有走，只是很安静地站在那儿，我也在这个时候才突然感觉到这座城市的公交车并没有想象中那般温情，真的是一种突如其来的感受，我看着车子开远了才转身向来时的方向走去。我确信自己是一个人走在这座异乡的城市，而分别，竟然真的可以如此来去匆匆。

父亲说带母亲一起来玩一下，而他们也只是去了我的宿舍，还有食堂，母亲连一口水都不曾喝。我留给他们的，应该是从车窗后面望过去渐渐模糊了的身影，就像那辆车子在我视线中越来越小的影子那般，我想追，却又多了重身不由己。

后来我知道母亲一回家就大哭了一场，有一两个月都有点心不在焉，这是后话，因为那时我已经放寒假回家了，而父亲笑着告诉我说，南京的公交真便宜，两块钱就可以逛大半个南京城了。

# 第七折　文学和初恋

沈从文说:"我行过许多地方的桥,看过许多次数的云,喝过许多种类的酒,却只爱过一个正当最好年龄的人。"若无最后一句,恐桥终是桥、云终是云、酒终是酒。

青春年少的时光里,无论从心理的纯粹,还是生理的荷尔蒙分泌来看,一定会有一位"正当最好年龄"的异性突然出现在你仗剑走天涯的路上,很多年后,那个人依然会在某个瞬间提醒你一些古老而美好的词。

大三那年,如果欣欣的父亲未曾因病离世,我和欣欣应该会跟很多人一样,毕业后在同一座大城市找份工作,然后结婚生子,自此柴米油盐。可是,人生偏偏如戏。

我真正重拾文学的梦想是从步入大学的那一刻开始的,

安逸的校园环境和充裕的课余时间很适合静下心来从容不迫地描绘梦想的蓝图，置身偌大的图书馆，连空气都让人充满各种遐想。

大学第一学期学校不准带电脑，所以，我的第一本书是一笔一画写在本子上的，关于乡村的散文，写了整整一学期，15万字左右。

不禁想起四年级在《宝应日报》上发表了一篇作文《路》之后，某天放学——那时我已在镇上的小学读五年级——以前村里的一个同学说他们班一个人特别厉害，在写长篇小说《战争与和平》，我听得崇拜之余，更是震惊不已，能记住书名就是因为它与托尔斯泰的《战争与和平》同名，原来"托尔斯泰"就在自己身边，这对我是一种莫大的鞭策。

我回家第一件事就是翻箱倒柜找出一本刚写了几页的本子，撕掉写过的那几页，又找出一张白纸，裁成本子大小，然后用胶水糊在本子封面上，经过一番深思熟虑，我很慎重地写下了七个大字——我的世界我做主，并用水彩笔简单地涂抹装饰一番，一本书由此成型。在堂屋独自赏玩许久，颇觉欣慰，接下来就使劲构思这本书的情节，搜肠刮肚，最终决定以同学为原型，演绎一段精彩的校园故事。我记得总共写了一页多，从我们村里一个女同学写起，写完还兴致勃勃地跑去厨房读给父母听。后来或因痴迷武学，《我的世界我做主》就被我抛到了九霄云外。

读初中时迷恋上写诗，这里的诗有别于格律诗。格律诗是我在村里读小学时就尝试创作的，我至今仍记得第一首格律诗是用蓝色钢笔写在一本五颜六色会计簿上的《无题》，彼时感觉《无题》这个标题很流行，就像煞有介事写了首：

> 小儿出远门，要行千里远。
> 不怕路千里，就怕不肯行。

那时候语文考试总让我们写几句带某字或关于某景某物的诗，我明知道很多正确的答案，但我偏不写，而是喜欢即兴创作几句。我心想，老师肯定不可能读过全部的诗词，他又不好意思承认自己没读过，所以只要写得像那么回事，应该就会默认是对的。事实是，果不其然，且屡试不爽。很多年后，我给学生辅导作文时还胡诌道："苏联作家卡斯特洛夫在其成名作《山海有繁星》开篇提及，信心是凌驾于任何武器之上的一件制胜法宝……"当然了，造假本身也是一门艺术，断不能把一个叫"川野芥木"的写成苏联作家，川野芥木应该是日本的什么人，打这个比方的语境是听者不爱读书，我并不提倡别人学我的这个坏习惯。

初中用于创作的本子是一个硬壳封面的本子，在镇上读小学时买的，同样撕掉前面写过的几页，扉页上兴趣爱好一栏最耐人寻味，我很认真地填写了"读书、写作、玩"三项，最后一项本不是"玩"，我记不得刚开始填的是什么了，但最终手捂着良心用胶带粘掉改成了"玩"。初中三年的这部文集已初具一本书的雏形，里面有很多尚在酝酿就把自己感动到的诗歌，还有篇幅不小的抒情散文，以及一些对社会现象品评的杂文。那个年纪高频使用的一个词是"真谛"，不知哪天在哪本书里读到的这个词，如获至宝，"可能这就是人生的真谛吧！"这是我最拿手的一句话。某年春节，掸尘时收拾抽屉，饶有兴致地翻看初中这部文集，忍俊不禁，最后一篇是《生命的呻吟》，只写了个标题，不知是诗歌还是散文，但用这五个字来形容当年的我再合适不过。

后来从小镇去了县城，县中的课业压力非常大，语文、数学、英语、物理、化学、生物、政治、历史、地理九门学科轮番上阵。我一度有辍学的念头，想去参加新概念作文大赛，因为掀起校园文学浪潮的韩寒和郭敬明这两位标志性人物正是从这个作文大赛中崭露头角的，为此我还特地去书店买了本《萌芽》杂志，查看里面关于参赛的通知，后来经过一番暗自挣扎，我最终放弃了辍学的念头。但我并未放弃关于文学的梦想，在县中的三年，我前后竟然整理了四本文集，虽说有三本跟《我的世界我做主》本质上没什么区别，但这种架势本身足以让人动容，像极了尘埃里的一朵花。

再后来，我从县城去了省城，在南京读大学的四年，是梦想真正的开端。依前所言，仗剑走天涯的路上，果然出现了一个"正当最好年龄"的她——欣欣。

我决定一笔一画写乡村散文的时候，欣欣尚未出现在我的世界里，跟她虽说是同班同学，但男生宿舍在西区，女生宿舍在东区，加上商学院课程较少，男女同学之间基本无甚交集。

好在大学里有很多社团组织，给彼此的交流架起了一道虹桥。某天晚上我看院里的志愿者协会发通知说南京博物院招志愿讲解员，感兴趣的可前来面试，我有点好奇，遂按约定的时间赶到指定的教室。这是体面的表达，实际上，我是踩着通知上截止的时间点优哉游哉地晃了过去，等我到的时候，阶梯教室里已无面试者，只有志愿者协会的人在忙着收场。

面试我的人正是欣欣，我是看她挂着的工作牌才知道了这个名字，然后在脑海里迅速检索出我们班的名单里也有一个叫欣欣的女同学——呵，原来是同班同学。她偷偷瞄着桌柜里早已收拾好的面试题，腼腆而笨拙地问了几道。我在心里暗笑："还有这么拙劣的面试？"事后回想，其实她开口提问的一瞬，缘分已悄然弥漫。

后来，我成了南京博物院瓷器馆的志愿讲解员，她成了南京博物院陶器馆的志愿讲解员，两个馆毗邻，就馆名看，"陶瓷"这两个字也注定有交集。女孩子可能胆小，彼此约定每周六下午一起去南京博物院，记得当时我能来回讲一路，也不知道讲什么，典型的竹筒倒豆子——有多少倒多少。我知道，自己已经不知不觉喜欢上了身旁的这个女孩子，而人生一大幸事莫过于，你偷偷喜欢对方的时候，对方恰好也偷偷喜欢你。

我写书的事在班里不胫而走，一位女同学好奇地想要翻看，我开玩笑说："手稿只有我对象可以看。"果然，那位女同学不再接话。

我刚读大学时加入了院里的一个创业者协会，某天晚上轮到我值班，像往常一样，我带着纸和笔，以及茶杯，这种时光很是惬意。手写的有趣之处在于，你总会不自觉地停笔发呆，且很乐意把时间浪费在这种百无聊赖上。记不清是谁先问谁了，欣欣说正好志愿者协会聚餐结束，我说"那你过来吧"。没一会儿，她便一个人走了进来，坐在我对面，仍似当初面试时那般，眼里只有对方，但又不好意思盯着看。墙上的钟表在嘀嗒嘀嗒地走着，空气出奇地安静，桌上的本子是彼此视线最适合聚焦的东西。沉默了好一阵子，她突然开口说想要看看我写的东西。跟对之前那位女同学一般，我嬉笑着说了同样的话，她竟一声不吭地拿过我的本子很认真地翻看了起来，像是没听到我说的话。

那一瞬，她埋头看书的样子真是美极了。

这样的时光持续了两年多，我笔耕不辍地创作了很多作品，散文、小说、诗歌、剧本等无不涉猎，虽说出版未遂，但颇有屡败屡战之意。很多年后，我发现别人拒绝我只是于公，而于私，他们欣赏有加，这种私人情谊为我日后的图书出版之路点燃了一盏盏希望之灯。

乡村文学碰了壁，那我就转战青春文学，青春文学熄了火，那我再创作儿童文学……这些都没什么，真正让我感觉天塌下来的一件事是死亡，似乎只有在青春电影里才能看到的剧情真实地在眼前上演。

某年某天，欣欣坐在图书馆给我画她家的房屋构造，她说大三准备带我回去见父母，她父亲已经着手准备装修改造，要把之前的楼梯换个位置及样式。

时间很快移到了大三，但还没等到上半学期的寒假，便传来了噩耗，欣欣的父亲患上了癌症，从老家一路辗转到上海，债台高筑，仍医治无效，最终家破人亡。考虑到手术有大出血的可能，此前我还陪欣欣跑去上海捐献了点血小板，我直接能做的，恐就是这个了。我私下还捧着书稿，求遍了很多认识的、不认识的人，希望能把书稿出版换成稿费，以此来填补她家的无底洞。文学院何言宏老师为此找我语重心长地聊了很久，大意是："就算出版了，也不可能立刻有稿费，出版社要根据销量结算，结算周期少则一

年半载。"那时的我总是那般天真。

寒假回去后，我将此事当面告知了父母。父亲正在灶膛前烧火，母亲在炒菜，父亲没有说话，母亲停下铲子说听得浑身肉抖。那年的春节难免蒙了层阴影，返校后，欣欣说她母亲让她毕业后回老家小县城工作，我不知道这是她母亲的意思，还是她自己的意思，或是双方心照不宣的意思。那天晚上见面，我从老家捎给她的小礼物她没收，分别后，我一个人哭了很久才回宿舍。人都是自私的，我可能没有想象中的那么爱她吧。

毕业前的一次聚餐，有人在互相拥抱，借着点酒意，我走到她跟前说："抱一下吧。"她默许了。我说："好好照顾自己。"她说："嗯。"自此便再无交集。

一个人的时候，我写书更勤了，写到眼睛充血。大三下半学期的教师节前夕，我跟别人合著的一本书《做最优秀的人民教师——徐悲鸿"关门弟子"恽宗瀛从教启示录》在北京大学出版社出版，或是我平时帮了那位出版社的前辈不少忙，他心里有点过意不去，遂决定让我当第二作者参与到这本书里来。像竹子扎根需要三年，我在出版之路上跨出从 0 到 1 的那一步，整整三年，虽说不完全是自己的作品，但总算踉跄上路了。当你写下第一个字的时候，原则上你已经算是一个作家了，但若想出版，乃至像很多名流那般谈笑风生，那就得面对老天爷在前方替你设下的一道天堑，或是几道天堑，很公平。

想起刚读大学时写的那本散文，写完后我逐页复印了一份，分一半给欣欣，请她帮忙把纸质稿打成电子稿。年少时的我们总愿意相信点什么，比如写好的书就一定能出版，这份痴痴傻傻的相信有着非同寻常的感染力，是对抗绝望的一剂良药。如我所愿："手稿只有我对象可以看。"这本散文的原稿理所当然送给了欣欣。

时隔多年，平心而论，无论从哪个角度看，这本散文都达不到出版的要求，索性就让它永远一声不吭地睡在箱底做梦吧。哦，对了，它还有一个书名，叫《云淡风轻》。

青春里的这出戏，看到最后都想笑。

# 第八折 读书破万卷

大学图书馆的图书馆藏无论数量还是质量通常都很惊人，母校自然也不例外。在南京读大学的四年，大半时间都是在图书馆度过的，有时候也不翻阅内文，就只看书名，作者的想象与古老的文字碰撞出漫天火花，简简单单的几个字，千百年来惊艳了你我。

书多到一定程度，可以形象地称之为书山、书海或书林。月色姣好的一个晚上，我徜徉其间，在一个角落驻足许久。

那一排书架上摆满了金庸的武侠小说，有别于其他图书，这一排书架的陈列方式基本是摞着放，且大部分都糊了层泛黄的牛皮纸，上面手写书名、作者等简要信息，像极了我当年创作《我的世界我做主》时的操作风格。金庸武侠小说的魅力竟极致如此？我心底的惊叹之情溢于言表。

　　我打小痴迷武学，母亲一度想把我送去少林寺习武，后来发现我成绩很好，方才作罢。家里以前种棉花，育苗器打出一排排放棉花籽的土坯，我忍不住脚痒，想象自己风一般轻踩着这些土坯从这个田头到那个田头，如果土坯完好无损的话，那我的轻功就练成了，也就是金庸笔下的"凌波微步"或"铁掌水上漂"之类。结果是，从这个田头到那个田头的土坯被我踩得稀巴烂，母亲在身后破口大骂，让我不要帮倒忙。那时候放学我还喜欢用绳子扣个瓶子，一到家就溜后面的小树林里，挑一根横过来的枝丫挂上，练"佛山无影脚"，能练到晕头转向裤裆破。我还练过很多神功，有一次不知从哪搞来一本薄薄的少林拳法，偷偷练了段时间，索然无味，遂怂恿邻居家孩子一起练。没练一会儿，他突然问我："我从正面出拳，你从旁边揣我，怎么办？"我沉思良久，无言以对，自此告别江湖。

　　直至很多年后的某天，我见证了一场残酷的战争。

　　"牛奶炸弹——砰！"

　　"牛仔裤炸弹——砰！"

　　"苹果炸弹——砰！"

"香蕉炸弹——砰！"

"鞋子炸弹——砰！"

…………

交战双方共四人，一个小男孩和一个小女孩居高临下，两个小男孩在下游来回穿梭，双方空手一甩，伴着震彻云霄的笑声，各种威力惊人的炸弹精准命中敌人，炸弹品种多到我不能尽述。

忍俊不禁之余，顿悟毕生孜孜以求的武学精髓实则不在招式本身，而在于紧随招式蹦出的声音，这是一套严谨的视听联合作战体系。比方说：你出一招弹指神功，一定要让对方听到"piu——"的摄魂音效；你出一招铁拳，一定要配上"我倒哦——"的荡气之音；再或者是一些远程重击的招式，一定要让此前的"砰——"裹挟而出。这些音效的长度、重度、曲折度根据对手实力及现场作战实况而定，诚所谓因时制宜、因地制宜、因人制宜。

《山海经·大荒东经》里有一段生动翔实的记载："东海中有流波山，入海七千里。其上有兽，状如牛，苍身而无角，一足，出入水则必风雨，其光如日月，其声如雷，其名曰夔。黄帝得之，以其皮为鼓，橛以雷兽之骨，声闻五百里，以威天下。"大意是深入东海七千里有座流波山，山上有只叫"夔"的野兽，吼一嗓子像打雷。黄帝一看，哎哟不错哦，就捉住了它，扒了它的皮，做了个鼓面，再用雷兽的骨头敲它，方圆五百里都能听到，小伙伴们吓得不要不要的……从古人对子虚乌有的雷神的敬畏，再到此处关于黄帝的记载，声音的作用由此可见一斑。

收回烂漫的思绪，望着书架上被翻烂的武侠小说兀自出神，小心翼翼地捧起一本，我不禁好奇：金庸的武侠小说到底好在哪里？

2018 年 10 月末，金庸老爷子驾鹤西去，各路媒体的头条都不约而同地给了这位"侠之大者"。那天在朋友圈看到历史学者傅国涌老师的一段话，堪称绝妙注脚，他说："三十七年来，他的武侠作品滋润过我许多幽暗的夜晚；二十年来，他的社评也曾一次次打动过我；十五年来，我的《金庸传》出过四个版本，我对他抱持同情之理解。从一开始，他就是我心中的历史人物。他少年时代在石梁乡间的文字已预告了武侠小说家的他，他青年时被启发的国际视野，则预告了一代报人、政论家的诞生。"

那一晚，我在书桌前坐定，取出纸笔，写了两行：

大人已逝，念金庸江湖再无风雨

小子尚在，看王楼山海另起巅峰

　　我在努力地回忆，除了金庸的武侠小说被万千读者读破，还有哪些书享此殊荣？我惊奇地发现，时光倒退很多年，还真有一本书映入眼帘。

　　那是一本很薄的《西游记》彩色连环画，小姑姑来看我的时候带给我的，讲了偷吃人参果的故事。记不得自己在村里读几年级了，但一定很小，看惯了地摊上巴掌大的黑白小人书，平生第一次看到彩色连环画，我的心情可想而知。我至今都无法确切地描述那是一种何等惊喜的心情，要知道，火遍大江南北的1986版《西游记》登陆荧屏很多年后，我们村才陆续换了彩色电视机，那时候我已经快小学毕业了。我有时在想，若无乡村的四季变迁和浩瀚星辰，恐自己的想象都是黑白的。

　　我如获至宝地翻阅着，虽说只有二三十页，但我却百看不厌，以致能倒背如流。母亲对此至今津津乐道，说我把书都读烂了，但她随后又总会话锋一转说自己错了，因为我打小就喜欢看书，而家里竟舍不得花钱买书给我看。

母亲所言不虚，我确实把那本爱不释手的《西游记》连环画读烂了，或是那时的图书装订技术有待完善，不知哪天，我竟把它翻散架了，为此着实心疼了好一阵子。

在我的阅读启蒙之路上，小姑姑扮演了举足轻重的角色。她是我们村方圆多少里第一个考上高邮师范的人，后来当了小学语文老师，那个年代，高邮师范很吃香。小姑姑经常会在周末来看我，我能报得上名字的书都跟她有关：《三毛流浪记》《鲁滨逊漂流记》《钢铁是怎样炼成的》《牛虻》《巴黎圣母院》《悲惨世界》《芝麻开门》《你所不知道的林肯》……好些书都是小姑姑当年上学时读的，纸页泛黄，感觉一碰就破，闻味道就知道是老书，我喜欢挑有插图的先看，但最终还是硬着头皮把所有到手的书读完了。

我至今都很怀念那样一个个夏日的傍晚，菜园子里有一片平整的空地，正好在小河边，我从堂屋搬来一张木椅子，对着家园落日坐定，一页一页地翻看一本厚厚的散文集。这本散文集应该是小姑姑带给我最厚、最无趣的一本书，囊括了众多名家之作，当然了，我是很多年后才渐渐知悉那些作者是名家。说它无趣是因为散文不仅从题材上

比不得小说有趣，而且连一张插图都没有，但不得不承认，这本散文集是我读过最有仪式感的一本书，每每念及，似乎都能在字里行间触摸到落日余晖，尽管我只依稀记得"梁实秋"这三个字。

很多年后，聊到读书的话题，有人说自己总是读不下去，问为之奈何。这里大体有两种情况，一是书的内容本身确实糟糕透顶，二是我们自己心性不够。我个人觉得，真正的好书大多不讨喜，作者根本不会迎合我们的感受，而是我们应该顺着作者的思路去揣摩一二，这才是阅读者与创作者该有的姿态。那些我们初读便颇觉顺心顺意的作品，很多时候并不能让我们得到提升，因为学习本身就是探索未知的过程，没有人天生就会背诵唐诗宋词，也没有人天生就喜欢背诵唐诗宋词。道理总归苍白，最后，我很认真地想了想，回了句："你不妨把手头的这本书当作世界上最后一本书。"这或是幼年的我能在乡村读完那些书的唯一解释。

上大学后，我第一次用笔名"小和尚"写了篇文章《读书破万卷》刊发在杂志上，同样提及小姑姑送我的《西游记》彩色连环画，毕竟那是第一本让我心动不已的课外书，也是此生唯一一本被我读破的书。如今想来，那真是一种久违了的美好，真心感谢自己有幸读过的那些书，感谢那些伟大的创作者们，也真心感谢小姑姑这位用心良苦的点灯人。

说个题外话，巧妇难为无米之炊，创作也是一个道理，如果把创作当成输出，那一定要有足够的输入才行，而读书不失为囤粮。

# 第九折　可笑的突围

"世界上最远的距离莫过于大脑与双脚的距离，大脑用来思考，而双脚则是为了去到达，这个过程可以很漫长。"这是我曾写给自己的一段话。

2018 年 8 月 8 日，一个记忆犹新的日子，《大荒青衣》与百花洲文艺出版社正式签约，这昭示着我在图书出版领域正式站稳了脚跟。再回首，暗自唏嘘。

创作《大荒青衣》闭关四个月差四天，因工作室常有闲人往来，后索性躲进辛弃疾笔下"佛狸祠下，一片神鸦社鼓"的佛狸祠创作大半。佛狸祠即今太平禅寺，坐落于南京瓜埠，庙虽小，人情浓，里面有三个常住的大师傅和一个打杂的小师傅，几位师傅每天五点钟左右起床，我比他们晚些，他们会给我留好早饭和小菜。我喜欢一个人四处晃悠，放生池是我必去之处，那里有很多稀奇好看的鱼，池塘倒映出的天光云影至今让我留恋。在寺院晨钟暮鼓的前一个星期，我只字未写，但当我正式动笔的时候，一本书，或者说一部电影，实际上早已成型。寻求出版之路依然坎坷，具体次数我记不清了，差不多被拒了八十几次，直到百花洲文艺出版社欣然接受出版，《大荒青衣》遂华丽登场。

后来，一位少年邀请我加入他们的文学社团。因文学结缘，作为虚长他几岁的过来人，这份缘起让我不禁想起自己当年不断突围的情景，那真是一段漫长并深深刻入青春的"啼笑皆非史"。

大学第一学期，我在本子上一笔一画写了15万字的乡村散文，搁笔时打量抚摸许久，我竟饶有兴致地写出了一本书，但紧随其后的是困惑，因为我从不曾接触过出版。第二学期，我特地选修了文学院何言宏老师的一门课程，听课是其次，主要是为了找到出版的可能。我始终坚信，梦想是有力量的，这种力量并非年轻人特有，而恰是因为我们有了这种力量方才永远年轻。一两百人的公开课上，何言宏老师对我和另一位痴迷于阅读的同学印象最深，他后来把我的稿子推荐给了凤凰文艺出版社的一位副总编。那位副总编很负责，把我的稿子打印出来，很认真地跟我探讨了出版的可能。最终的结果是未能出版，失望在所难免，但我尊重那位副总编的判断和选择。

若把图书出版比作一场没有硝烟的战争，那我的境遇完全可以用两个词来形容：屡战屡败、屡败屡战。

校园梧桐树旁的路灯次第亮起，那一簇簇掩映的橙黄色灯光极易让人慢下脚步，那样的时光里，有人在寻找诗意，有人在酝酿诗意，有人在享受诗意。我漫步其间，篮球场旁的一张大海报突然吸引了我的注意力，上面说江苏省作家协会主席范小青要来学校图书馆做报告，我的眼里骤然放光，似乎看见了光明的未来。我赶忙去打印店把最新的一部书稿打印出来，附上感谢的话及联系方式，忙完后才发觉报告会的时间没看，又在夜色中一路小跑去确认时间，跟做贼似的。活动当天，我提前一个多小时站在图书馆门口，功夫不负有心人，终于被我等到了，我代替了所有志愿者把范小青老师接进了会场，趁着仅有的两三分钟路程表达了自己的诉求，范小青老师欣然收下了我的书稿并对出版现状说了些感同身受的话。或是范小青老师公务缠身，她没再联系我，出版事宜不了了之。但我仍觉得她是一个有温度的人，更多的是，我觉得自己干了件很酷的事。

山东曾有一位想报考何言宏老师博士生的文友特地赶来我们学校找我，我请他在学校附近的小餐馆吃饭，席间听他提及苏童是他很喜欢的江苏籍作家。真是说者无心，听者有意，后来有一次我把书稿发给《意林》杂志社寻求合作，等了很久都没回复，我转念一想，决定冒充著名作家苏童给《意林》杂志社一位副主编发信息谈交流合作事宜，万一被识破了，我就甩一句："'苏童'是'江苏书童'的简称嘛。"还别说，《意林》方面立马就回复了。但是，后续我没好意思借苏童之口把他们往敢于挖掘年轻人、敢于挖掘像王楼这样的年轻人方向引。

比起撒网式群发信息，假冒苏童算是比较体面的做法了。那时候手机经常收到中奖信息，比如被某电视台的某栏目选为幸运用户，可获得88888元现金大奖及各种礼品，但前提是你要先汇款千百块钱作为手续费。起初我觉得好笑，但后来渐渐发现，最笨的方法才是最聪明的方法，一百个人里至少会有一个人深信不疑，再或者一千个人里至少会有一个人深信不疑，这无疑是事半功倍。所以，

我决定依葫芦画瓢，给10个人群发信息，以自己的手机号为模板，保持前七位不变，末四位换成清一色"0000、1111……9999"，跟车牌号码一样，我那时觉得数字清一色的人应该都有点本事。群发的信息是经过深思熟虑的，只有简短的一句话："书稿发您邮箱吗？"果然，有一个人上钩了。跟对方交流了一阵子，尽管出版的事未能落实，但至少印证了这不失为一种突围的法子。

不知哪天，我突然把注意力转移到了扬州，感觉老乡对老乡应该会好些，但扬州除了一家做线装古籍书闻名遐迩的广陵书社，好像再没听过什么其他出版社，所以，我决定找扬州日报社试试，或能旁敲侧击打开新局面。我在扬州日报社官网找到了联系邮箱，随后把书稿简介、个人简介和出版诉求发了过去。跟很多石沉大海的邮件一样，我并未抱任何希望，纯粹是一种没得选的选择。出乎意料的是，对方竟然随即回复了邮件，大意是出版费用由广告植入的商家承担，我只要掏800块钱作为运费之类即可。我一寻思，感觉对方很靠谱，这笔买卖划得来。后来，我果然上当了。我去找扬州日报社讨个说法，报社方面既无辜又无奈，因为官网的联系邮箱被黑客黑了是不争的事实，或是作为补偿，负责处理此事的人把我引荐给报社文艺副刊的主编，事后我才感觉他们在踢皮球，我应该先就事论事让他们赔偿我 800 块钱才是，那时候，800 块钱是我一个月的生活费。不得不承认，我遇到了一个非常专业的骗子。

我突然想起大二那年遇到的一个人，一个湖南的出版商。那个出版商是专门从事心灵鸡汤类畅销书策划出版的，我忘记是如何与其相识的了，只记得对方开出的条件是，我只要按提纲帮他创作一本关于漂泊与故乡主题的书，那他就帮我出版一本散文集，送我 200 本样书。我那段时间迷上散文创作，一篇接着一篇，乐此不疲，出版商的话自然让我心动不已，但我三思之后，最终还是拒绝了对方的好意，因为按他的要求创作一本书很难达到让他满意的程度，毕竟这本书并非自己发自内心的创作，且连署名都是奢望。事后我想了想，他所谓的帮我出版一本散文集，应该不是正规出版，算上印刷费用，成本前前后后才小几千块钱。

一路跌跌撞撞，以致习以为常，青春的可贵与蹉跎大抵如此，这里仅罗列几例，不再赘述。

关于出版，我替出版社说句公道话，很多作者恨不得自己每写完一本书，出版社都要俯伏在地请求赐稿，稿费及名誉接踵而至，这种想法我当年也有，后来发现，它一文不值甚至可笑至极。跟很多行当一样，出版本质上也是商业行为，出版社只要开门一天，出版社工作人员就要领取一天薪资，所以，出版社必须盈利。这就不难理解为什么近乎所有名家当年都有被出版社拒之门外的遭遇，因为培养一个新人的风险和代价太大了，在书稿及作者的价值评估上，出版社一定且必须慎之又慎。两部同样精彩绝伦的书稿放在编辑的案头，只许二选一的话，可能只是一个作者的名字比另一个作者的名字更好听些，那编辑的一念之间就决定了书稿及作者的命运，这是无可厚非的一件事，因为运气自始至终都是成败的重要因素。

我曾经问一位长辈："有时候，我明明自己都知道自己做得有欠妥当，可为什么你依然觉得我很好？"答曰："如果你是一滴水，我知道你的目标是大海，而一滴水是不可能畅通无阻地流到大海的，它可能会迂回乃至倒流，但是又有什么关系呢？我只要知道你目标是大海就行了。"我闻之默然以对。

所有的伟大与美好都源自被拒绝，由衷地感谢，除了不竭的希望和不懈的坚持，我无所依凭。

# 第十折　图书馆的一瞬

前不久出席在乌镇举办的一次教育会议，途经上虞，忽然想起曹娥碑，导航搜了一下，只有五公里远，遂开了个小差驱车前往，夙愿得偿。"黄绢幼妇，外孙齑臼"，是蔡邕题在曹娥碑上的文字，隐"绝妙好辞"。这被后人认为是中国最早的文义谜。这条谜，以及当年曹操和杨修在此斗智的故事，早已成为千古美谈。

今天想起这件事，跟王楼有关。恰好那时他找我给他的新著写序。化学教师出身，现在做学校管理的我，给一部文学作品写序，心里难免打鼓。我算王楼的老乡，也是他的师长，还一度是他的领导，当然，更是他忘年的朋友。他的请求自然不能推却，这算是我接下这任务的全部理由。王楼做的事我一直都在关注，很看好他在做的《山海经》项目，更看好的，自然是他这位爱"折腾"的青年。

纵横万千年，驰骋千万里，《山海经》是一部充满神奇色彩的文化奇书。其中很多常人无法想象的神异鬼怪，成为自其以后中国无数文学作品构造艺术形象的原型。在 IP（知识产权）作品发展异常迅猛的今天，其中的怪物与神话人物，也必将成为影视作品的新宠，担当起更多创作原型的重任。王楼，深入《山海经》掘金，是很有眼光的。用心地阅读了王楼的这篇小说，事实是，他的创作也没有让我失望。

和王楼的最近一次对话中，他有这样一句话让我听了很动容："我也真心希望教育这块能让所有学生自始至终都永葆一种近乎璞的想象与力量。"今天，应试的教育"只做题"，应付的教育"多作假"，应景的教育"常作秀"，孩子们差不多被消磨光了好奇心和想象力才能走出校门。王楼有这样清醒的呼吁，很是难得。

..............

　　这是翔宇教育集团总校长卢志文先生给我《大荒青衣》所作序言的开头几段，请他作序，更深层次的考量是自己多年后会深度染指教育，最直观的效应则是以书为媒的风雅引领，因为文化和教育从不分家，而书，不失为一种绝妙的载体。

　　与卢志文先生的交集，自始至终离不开书。

　　刚读大四那年的一个早晨，校园里烟雨迷蒙，行人稀松，这种惬意混杂着慵懒的氛围让我莫名想起自己曾看过的雨中蜡梅。印象里蜡梅本该与纷飞的大雪相映争辉，但我却分明在春雨飘零时领略过蜡梅另一种截然不同的风韵，似北方马背上的女子误入江南，戎装换丝袍，长剑换罗扇，连那匹在天地间奔跑的马儿，也换成了桨声灯影里的一艘画船，真是美妙极了。

　　我在宿舍一般是第一个起床，去食堂吃完早餐后，照例去了图书馆，那是我经常光顾的地方，哪怕不看书，在一个角落小憩一会儿，感觉梦都是安逸的。

　　那个烟雨迷蒙的早晨，浸染一路，我的思绪同样混杂着惬意和慵懒。

　　图书馆共八层，我没再往上爬，进门后直接右拐去了东边的阅览室，漫无目的地晃了圈，随后走到尽头的一张椅子上坐了下来。窗外传来啼啭的阵阵鸟鸣，校园似还没睡醒，枝丫上一片片泛黄的嫩芽跟书架上一册册安静的图书一样，像是在等什么。

我把视线从窗外收了回来，望着矗立在跟前的这一排书架兀自出神，继而又从这排书架望向周遭那一排排书架，这是何等壮阔而让人敬畏的场景啊！多少人的肉身早已烟消云散，但他们的名字至今且未来仍将被人传说。我曾无限欣羡历史舞台上那些谈笑间指点江山的风流人物，而自己实则已悄然登上了时代舞台，并书写着未来会成为历史的当下，但是，当下的自己为何突然心生倦怠呢？

多么突兀的一种感觉！那一瞬，我真切地感受到自己的渺小，以致闭上眼都无法在浩瀚星河里寻觅到属于自己的那一颗闪光点，我开始慌了。那一瞬，我是自卑的、是困惑的、是迷茫的。

步入大四，身边同学大多开始关心起自己的命运。有人昼夜奋战忙着考研，有人在外实习好让简历变得厚实，还有一些家境好的准备出国深造……但是，我呢？十年寒窗，到头来，我为何抓不住一个足慰平生的答案？蜷缩在图书馆一角，卑微如我，到底是哪一环出了问题？我连问题是什么都不知道，看来这真是个问题。

终于，我想起来一个人，我第一反应就想到的有且仅有的一个人：卢志文。

时间倒流到我刚去县中读书的一个清晨，广播声响起，全校次第出早操。在前往操场的一个拐角，我突然望见一个清澈精神的侧影，一袭笔挺的西装，满面期许的笑意，这个近在咫尺的人不正是常在主席台上、在报纸上现身的卢志文总校长吗？当年宝应中学转制划归翔宇教育集团，他亲自担任县中的校长。从他面前经过时，他正乐呵呵地拽住一个从草坪上抄近道的学生说些什么，那个学生应该也认出了拽住他的人是学校的最高领导，显露羞惭之色在所难免。这是我与卢志文总校长的初相遇，他给我留下了很好的第一印象。

在县中读书时，还有两个人一再加深了我对"卢志文"这个名字的印象，一位是高三语文老师邰雨春，一位是我母亲。

邰雨春是一位很有个性的语文特级教师，年岁较长，犹记得高三第一节语文课，他走进教室，二话不说，转身在黑板上写下了少年周恩来赴日本求学前所作的一首赠别诗，并用方言口音浓郁的普通话深情吟诵：

> 大江歌罢掉头东，邃密群科济世穷。
> 面壁十年图破壁，难酬蹈海亦英雄。

周恩来，字翔宇。卢志文总校长与周总理同乡，集团正取名于此。县中正门进去直走是一条唯美浪漫的香樟大道，左侧的草坪上有一块巨大的卧石，上面用耀眼的红字镌刻着校训：以少年恩来作典范，为中华崛起而读书。邰雨春老师别开生面的这个开场足见他的良苦用心，他在随后的自我介绍中回忆了很多历历在目的往事，有一件便跟卢志文总校长有关，具体何事早已忘却，但大致跟村里人闹矛盾一样，最终要找一个人评理，而卢志文总校长是矛盾双方心目中最服的那一个，邰春雨老师的余音里不难听出卢志文总校长平时都要敬他三分，想来邰雨春老师也是个很有意思的人。

仍是高三那年，学校通知在体育馆召开家长会，主题与高考紧密相关，卢志文总校长亲自主持，当然，我是事后才知道是他亲自主持。在县中读书的那三年，我没有在学校寄宿，而是在学校附近租了间小房子，由母亲陪读。母亲回来后嘀咕了一句："你上学来的这么多校长里，卢志文说话最中听。"一两千人的会场，卢志文总校长的魅力竟感染至此？我扒着碗里的饭，并未多想。

　　读大学后，给出版社投稿四处碰壁，我转念一想，既然我影响不了出版社，那我影响那些能影响出版社的人，岂不殊途同归？于是乎，卢志文这个名字悄然浮现。凭自己的热忱、凭母校的渊源、凭他的公众影响力和给我的私人印象，我内心深处的那把希望之火再度被点燃。

　　先不管卢志文总校长能否推动出版之事，如何联系到他是我首先要解决的一个问题。我想起了在县中读书时的新教育实验——朱永新教授发起的一个活动，翔宇教育集团一直都是鼎力支持者和深度参与者，这自然与卢志文总校长的决策密不可分。我在网上检索"卢志文、新教育、朱永新"等关键词，发现卢志文总校长在新教育实验的官网上开设了专栏，且留有电子邮箱，这真是一个让人惊喜的发现。怀揣着忐忑和期许，我给卢志文总校长发去了第一封邮件，过了好几个月，我已经忘了卢志文这个名字，却突然收到一封他诚挚的回信，彼此的交集由此紧密起来。

事后回想，其实我本可以更快速地联系到他，比如请县中的恩师牵线搭桥，瞬间便水到渠成，但当局者迷，等我反应过来的时候，我跟卢志文总校长彼此之间已经有了电子邮箱、手机、网络聊天工具等各种联系方式。从前车马慢，慢一点，也好。

提到电子邮箱，一件有意思的事是，卢志文总校长写好《大荒青衣》的序言，说发给我了，我说"没看到呀"，过了会儿，他说又发了一遍，我说还是没看到并问在哪，答曰在邮箱。我顿时哭笑不得，因为彼此明明有更便捷的传输工具，而当年跟他联系的那个邮箱近乎废弃，登录时试了好几次密码才登录成功。时隔多年，我相信他电子邮箱里的邮件一定堆积如山，但他竟还能在里面找到无足轻重的那个我，另一方面，从商业规范的角度讲，他的慎重显而易见。

我始终相信，时间沾了念想，便是对抗绝望的一剂良药。那时候，我每写好一部作品，都会发给卢志文总校长过目，尽管出版事宜未能敲定，但通过他，我的那份美好得以传递，更宝贵的意见得以反馈，彼此的情谊也在不知不觉间生根、发芽、开花。

我在图书馆深感自卑、困惑、迷茫的那一瞬，似天地有灵，彼此的那一朵情谊之花在同一个瞬间绽放，熠熠生辉，光芒万丈，并随即结出令人艳羡的硕果。我把自己的心境如实地向卢志文总校长倾诉，夜幕降临时，我收到一条看似文不对题实则洞若观火的回复："你可以投简历给我，我推荐职位让你选。"他早上一定看到了我的信息，没及时回复一则忙于公务，二则三思后行。人心一念，朝夕之间，天开地阔。

大学毕业的那个夏天，赋闲在家，我决定像故事的开始一样，一笔一画在本子上手写一本书，以日记的形式写一点关于教育的东西，不然感觉脑子会生锈。这本日记的开篇献辞是："谨以此书献给扭转我人生轨迹的卢志文先生！"我每天笔耕不辍，果然又写出了一本书，跟当年那本散文一样，出版未遂是预料之中的一件事，毕竟自己资历尚浅，未曾历经实践，想法多少有待商榷，卢志文总校长读罢也是这个意思。随后我动身前往翔宇教育集团2013年在温州刚落地的新校区，卢志文总校长并没有推荐职位让我选，而是直接把我安排到了总校办公室，一个很锻炼人的部门。

　　跟随卢志文总校长的那一年学到了很多，确而言之，是感受到了很多。有一天，我看他站在会议室的窗户前对着窗外的教学楼发呆，他在想什么？很多年前，他站在操场拐角处的侧影如阳光跌落云端，是活跃的，是融入的，但这一次，他的侧影是安静的，是孤独的。我坐在一旁的沙发上，觉得很美，遂忍不住偷偷拍了一张，那是我跟卢志文总校长唯一的一张"合影"。

　　世上本没有路，从他下定决心闯民办教育天地的那一瞬，他注定是孤独的，传奇总是这样。命运不会向世人自行展现迷人的转折点，如果在那样一个煎熬的夜晚，进退维谷的他不迈着沉重的步伐去教学楼楼顶打最后一通电话，故事便没了后来，事实是，那一晚，他注定是大赢家，因为电话那头根本没有第二个选项。故事与事故仅一步之遥，那一场生死豪赌，天地可鉴，世人由此知晓翔宇教育集团及卢志文其人，这是我见过的对"天时、地利、人和"最生动的诠释。

# 第十一折　平生最忆琵琶曲

公元 816 年的秋夜，浔阳江头的月色尚好，一位诗人下马牵缰，目送宾客登船离去。瑟瑟秋风从枫叶和芦花间拂过，吹起了诗人的一袭青衫，也把江面的明月揉碎成粼粼波光。此情此景，诗人欲言又止，借着微醺的酒意，他突然想纵情高歌，高歌这万丈红尘里的冷暖沉浮。

"若有音乐助兴该多好……"诗人端着一壶未曾尽饮的酒，喃喃自语。

话音未落，但闻远方隐隐传来了阵阵琵琶声，夜幕之中，人的听觉会变得更敏感，这阵阵踏水而来的琵琶声竟好似天籁之音，以致诗人和宾客皆下意识地循声望去，就连那摆渡的船夫，原本触岸的竹篙在手中也忘了何去何从。

所有人暗暗惊叹，地僻的浔阳竟藏有如此丝竹妙手？

诗人和宾客怀着一种莫名的虔诚"移船相近邀相见"，原来把所有人征服的那位丝竹妙手竟是一位红颜依稀的弱女子，天涯那一轮明月射进船舱的窗棂，时空在这一瞬静止，只有豆粒般大小的火苗来回晃动，似乎在提醒所有人这一瞬的真实。诗人突然泪流不止，把手中的酒一饮而尽，急命取来纸笔，行云流水挥就一首心底压抑已久的歌。众人无不叫好，但问此曲何名。诗人背执双手，踱步至船头，望着远方沉默许久，忽扭头瞥了眼"犹抱琵琶半遮面"静坐一旁的女子，也罢，且名《琵琶行》。

似冥冥中自有天意，这是一场注定的相遇，惊艳了往后千百年的时空，在文字所能传承的地方，它还将继续惊艳下去。

公元 2017 年的秋夜，借着朦胧的月色，我独自登上了从南京开往九江的一趟绿皮火车，奔向那一场千百年前便早已注定的相遇。全程约 500 公里，历时七八个小时，抵达九江已是凌晨四五点，有别于南京的朦胧月色，九江正斜风细雨。想来也有意思，古都金陵，昔日浔阳，两者之间最便捷的交通工具竟是绿皮火车，且是半夜的班次，唯恐旅人忘了诗意。

　　出了车站，去吴将莉师姐事先给我预定好的酒店下榻，我查了一下，距离并不远，加之睡意全无，遂决定撑伞步行。拐两个弯，街头真是安静极了，路灯掩映在香樟树的繁枝茂叶间，这个点只有一两家包子铺在忙活，若无风雨，恐还能偶遇个把路人。十来分钟的路程里，我边走边想，这座庐山脚下历来被人讴歌的古城到底好在哪？多么熟悉的感觉，我到底算过客还是归人？我的脑海里闪过很多没有头绪的问题，像是赴一场心动的约会，好奇而新鲜。

　　吴将莉师姐知我旅途困顿，让我好好休息一下，午后再去她不远处的家里见面。那一晚，我虽疲惫，但始终没有睡意，后来也不知如何睡着了，醒来时窗外仍是斜风细雨。

　　人与人之间的缘分真是神奇，与吴将莉师姐的故事便是经典一例。

　　她是我今生怎么感谢都不为过的一个人，我曾对旁人说过："父母给了我开始，吴将莉师姐给了我后来。"称其为师姐，是因为彼此在北京听一位共同的老师讲过课，论辈分，她比我母亲还大一岁。2016 年冬天在北京的那一面之缘跟匆匆路人的擦肩并无二致，谁也不曾惦念于心。

左思诗云："英雄有迍邅，由来自古昔。"但凡想干点事的人，总归会沾点英雄主义的影子，对于英雄的考验，也就是所谓的"迍邅"，花样真是层出不穷，以我一手打造的山海英雄联盟系列为例，大反派对少年英雄的威逼利诱、生死胁迫自是家常便饭。当然了，这是小说和电影为了扣人心弦而精心设计的情节，实际上，现实里的"迍邅"大多无趣，鲁迅一语中的："不在沉默中爆发，就在沉默中灭亡。"

2016 年 3 月 1 日正式离职创业，到 2017 年秋天，房租、工作室租金，及日常开销已把我逼到了沉默的边缘，以前上班攒下来的一点钱还剩四百块样子，这在南京是不敢想象的一件事。因工作室常有客人往来，我当时还特地批发了三四万块钱茶叶，一则书茶风雅，用于招待再好不过，二则顺带售卖，补贴各种开销。按原先的算盘，这一批茶叶若能顺利出售，那我还能净赚 10 万块钱样子，但后来基本上都被我当人情送完了，因为我注意力根本不在卖茶上。

我是 2017 年 6 月正式聚焦《山海经》，并着手创作《大荒青衣》一书的，精神上的压力和现实里的压力同步来袭。

书是参天大树的根基，它的重要性被很多人所忽视乃至轻视。就影视制作而言，其实市场上从来都不缺锅碗瓢盆和油盐酱醋，这些末端的工具都是可以复制的，唯独故事的起点——剧本，也就是行话里的一剧之本，若无这最基础、最重要的食材，让人垂涎三尺的满汉全席终是奢望。可惜的是，道理都知道，但践行的人少之又少，这种舍本逐末的现象需要逐步纠正，好在知识产权日益受到重视，我相信趋势会越来越好。

上海有一个人知悉我在做的事，当即表态对《山海经》很感兴趣并愿意登门拜访商谈合作事宜，按约定的日子，他果然拎着一瓶酒前来。我被他的诚意打动，或者说，按亿作单位的电影项目，他是当时唯一一个敢拍板说干的人，尽管他前期并没有给我任何费用，有空手套白狼之嫌，但他的这口气鼓舞了我继续创作下去，让我相信，《大荒青衣》这本书一旦写完，就可以通过他的商业运作大放异彩。后来的事实证明，他不行，结局也许从他决定空手套白狼的那一瞬便早已注定，但我仍很感激他。

我的性情终于让自己走到了弹尽粮绝的一步，我方寸大乱，一个人在夜色中默默掉下了一滴泪。

"谁能帮到我？"我仰望苍穹。

"吴将莉！"泪珠滑落的那一瞬，答案也倏地蹦出，我有一种非常强烈的预感，这个人一定会帮到我。

多么强烈而匪夷所思的一种预感，似一股神奇力量的指示！自北京匆匆一别，转眼已快一年，这一年里，彼此各安天涯，毫无交集。我百思不得其解，偌大的南京城为何没有人第一时间浮现在我的脑海，而是千里之外、一面之缘的她呢？

话不多说，开门见山，第一句表述自己在做及要做的事，第二句表述自己的困境，第三句表述自己的诉求。事后回想，感觉自己就像个在地上打滚耍无赖的孩子，要知道，那时候《大荒青衣》还没创作完成，说白了就相当于在一张白纸上写了几个醒目的大字："我要干大事！缺钱！给钱！"

我并没有急着让吴将莉师姐立马做决定，而是让她三思，至少于我而言，我可以慢一点走向绝望。

过了两天，她打来电话，说跟家里商量过了，并问："你需要多少钱？"答曰："不知道。"她说："那你过来一趟吧。"我说："好！"

后来的某天，彼此闲聊，我问她："你当时怎么就同意了呢？我自己都觉得自己是骗子。"她说："因为我感觉你思维敏捷，且是个做事的人，投资嘛，投的是人。"这是个冠冕堂皇的回答，因为她曾跟我讲过一件略显尴尬的事："北京那位老师曾为一个很不错的项目跟我借钱，我一分都没借，这倒好，老师借钱没有，学生一借就有。"论思维敏捷，论做事与否，我俩都很尊奉北京那位老师，不然大家也不会千里迢迢赶去北京听那位老师讲课。

绿皮火车吭哧吭哧地穿行在广袤的夜色中，尽管天地被黑暗笼罩，但我一路依然看见了依稀的灯火。《山海经》里动辄"出入必有光"，可见古人对于光明的无限向往，我知道，那注定是我涅槃重生的一夜，我的光明即将抵达。

午后收拾好从酒店出门，如约去了吴将莉师姐附近的家里。她沏了壶茶，并饶有兴致地介绍家里的绿植、书画等摆件，不难看出，她骨子里是一位风雅之人。

"你需要多少钱？"她又问了一遍这个最关键的问题。

"16万！"我很认真地说出了这个想了一路的数字。

"为什么是16万？"她止不住好奇。

"你女儿不是16岁嘛，就按她岁数算。"跟天下父母一样，吴将莉师姐很宠爱她的女儿，来九江前，我看她最近一条朋友圈便是女儿刚过完 16 岁生日的事，闲聊时，她总会无意识地提及自己的女儿，这更印证了我的想法。

"好！"她果然爽快地答应了，"我现在先给你汇 8 万，等下个月月初，我这个账上限额恢复了，再把剩下的 8 万块钱转给你。"

这是一笔让人啼笑皆非的借款，更是一笔毫无法律约束力的借款，从一开始，吴将莉师姐就没指望我及时还钱，不然她也不会借钱。

她家前面是开阔的南湖，站在阳台上可一览无余，我走至窗前，背执双手，朝南湖的尽头望去，突然发觉斜风细雨不知何时隐了形迹，天边瑰丽的晚霞倒映在湖面，那一瞬，美到让我误以为这里才是我的故乡。我深吸一口气，暗自慨叹，连天象竟都如此应景，所谓天公作美，大抵如此吧。

当晚，吴将莉师姐设宴款待，邀请了几位亲朋前来助兴。她给我订了三天酒店，说庐山不远，第二天带我去。我说无暇在外游玩，要赶回去写书，待事成之日，再玩不迟。她没有强求，于是，我订了第二天最早的一班绿皮火车，在来时看到的一家包子铺吃了早餐，顺原路走回车站，自此别过。

《大荒青衣》付梓之际，我诚挚邀请吴将莉师姐写一段寄语刊印在书上。她想了想，回了句："少年当如此！"一段历史佳话由此定格。

千百年前，那位伟大诗人"歌以赠之"的《琵琶行》"凡六百一十六言"，而吴将莉师姐赠给我的却仅有寥寥五个字。前者是悲凉凄切的，写的是一段故事的结尾，后者是圆满欢喜的，写的是一段故事的开头，但有一点，两者都是美的。

山海经行路，应有点灯人。千言万语，借一句"此时无声胜有声"，我替天下苍生和后来人顿首。

# 第十二折　最青春私塾

五四青年节，恰好行文至此，一个年轻的话题。

《最青春私塾》是我 2016 年下半年筹划的一份刊物，宣传组稿、编排设计、发行订阅等均以在校大学生为主体，为此我还特地去北京找一位研究生在读的学妹商讨此事。筹划这份刊物的初衷，或者说，对纸媒的偏爱，是有感于网络日益发达的当下，特别是触屏手机的普及，我们在享受便捷的同时，越来越多的人，尤其是越来越多的本该成为中流砥柱的年轻人，已在泛滥的信息海洋里沉沦，遑论推己及人的人文关怀和独立思考，这种现象很不好，且趋势堪忧。

造成自我迷失的原因有很多，譬如自身的定力不够，经不起外界的诱惑，这看似是问题的根源，实则不然。古有"三人成虎"一说，或如乡言俚语所谓的"枕边风"，不难得出这样一个结论：人是经不起长时间熏陶的，人性的不堪一击由此可见一斑。

如果说世上有一种最好的慈善，那可能就是商业，弗洛伊德一句"去爱！去工作！"不失公允。但另一方面，借助强大的商业力量，尽管企业的发心和愿景是美好的，可一旦上路，多少有点身不由己，毕竟资本是要逐利的，从物以类聚的角度讲，资本也本该如此。那接下来便会风起云涌，但凡有人的地方，都是没有硝烟的战场，因为蛋糕并非只给一个人吃，载舟覆舟的水自然成了资本觊觎的对象，它们会绞尽脑汁长时间地熏陶你，直至你甘愿臣服并追随。

回到《最青春私塾》这份刊物本身，我当时选定了六个字：找到我，遇见你。这六个字我琢磨了很久，并特地叮嘱设计封面的小伙伴竖过来排版，因为那样就有了两种读法，既可以是"找到我，遇见你"，也可以是"遇见你，找到我"。顺序一颠倒，意境转瞬不同，我个人比较倾向于"找到我，遇见你"，因为一个人只有先注重自身的修炼，才能

遇见更好的对方。

在北京读研究生的那位学妹本科与我一样，同是南京师范大学商学院，只是比我小两届。犹记得 2015 年那个凛冽的寒冬，南京刚下完一场雪，我去学校看她，那是彼此第一次正式见面。校园路上寂寂无人，踩着冰刀似的残雪，嘎吱嘎吱的脆响在瑟瑟寒风中听得分明，好在梧桐树旁的灯光一如既往地安静而温柔。那一晚，基本上都是我在讲，讲自己的过往经历，讲自己的宏伟蓝图，讲自己最近在做的事。或是她尚未毕业的缘故，我能感觉得到，她对我的表述充满了好奇和崇拜，校园里的青春总是这般可爱。我依然自顾自地讲着，直到她突然打断我："我们找个暖和的地方坐一下，好不好？"我一扭头，发现她竟被寒风吹得鼻涕都出来了。那一次见面，她给我留下了深刻的印象。

《最青春私塾》从一开始就注定是小众刊物，像一粒不起眼的火种，但小众归小众，不能没有代表性，所以，我第一时间想到了在北京读研究生的那位学妹。我在南京，她在北京，南京和北京的几所知名高校集合在一起，从某种意义上讲，堪为表率。我把这个想法跟她说了，她觉得很有意思，于是一拍即合，两人共同担任这份刊物的主编，随后分头行动，把这个想法告知身边志同道合的人，果然，大家都觉得很有意思并表示愿意参与进来。这更印证了我最初的想法，对纸媒的偏爱是读书人共有的一份情结。

后来，这件事不了了之，说到底，就是缺钱，当然，责任在我。《最青春私塾》对我的学妹以及随后参与进来的其他人而言或是从天而降的一件大事，毕竟他们仍身在校园，很少接触实际的商业运作，但对我来说，这只是给自己贴金的一件小事，跟工作室的茶叶一样，我的注意力并不在这。老天爷是公平的，如果我一门心思盯着《最青春私塾》，那我一定可以为这份刊物募得一笔可观的资金，以保证它在可预见的将来不会半途而废，事实是，我并没有这么做，想来有点可惜。

虽然《最青春私塾》没能运作起来，但涟漪灿灿的历史长河里，随后的一段历史佳话却与之不无关系。

我未曾一门心思为《最青春私塾》筹钱，一大隐晦的缘由便是自己的银行卡已亮起了红灯，我不得不想法子解决自己的窘境。我打量着墨香与古韵并存的"最青春私塾"这五个字，视线最终定格在"私塾"这两个字上，我突然蹦出一个念头，筹一分钱也是欠个人情，那为什么不可以一次性多筹点？省得日后捉襟见肘。于是，以自己的教育经历和工作经历为由头，借此招收终身弟子的念头愈加明晰，至于收费标准，我打算定为 5 万块钱一个人。这真是个异想天开的法子，也是我能想到的最有尊严的一个法子，一则自己的教育经历比较有说服力，二则自己的工作经历始终与教育相关，三则自己在做及要做的事更是离不开教育。

我把自己要招收终身弟子的这个想法整理好，然后凭感觉发给了四个人，四个人收到信息后竟无一例外全都同意了，但故事的最后，只有一个人留了下来。我的性情偏随和，不习惯在对方点头的时候立马让其掏钱，记得有一位甚至关切地问我："这钱现在就急着要吗？"我说："不急。"后来过了段时间，这个人就刻意回避我了。在收徒这件事上，我对最终的结果还是比较满意的，因为冷静一段时间后依然愿意追随我的人，一定是故事里该出现的那个人。

《逆风追风》一书的开篇献辞是："谨以此书献给董万豪、董万颖。"董万豪、董万颖便是那个人的一双儿女，"好"字占尽，一阴一阳，跟我《逆风追风》书名很搭，似天作之合，另一方面，他俩无形中也承载了我整个《山海经》项目的教育意义，更有一种薪火永继、生生不息的美好寓意。

董万豪、董万颖的父母此前说过一段话："一个人乃至一部作品成功的关键在于他的觉知或灵感，预见才能遇见，接帝王之魂，续中山之志，相信少年必成大气！成大器！成大旗！"因自己办公之所在钟山风景区北麓，与中山陵毗邻，遂有"接帝王之魂，续中山之志"一说。

在江西吴将莉师姐的16万之前，收董万豪、董万颖为终身弟子差一点就取而代之成为名副其实的历史佳话，若果真如此，后面的故事就全变了。但历史没有如果，董万豪、董万颖父母当时并未完全按约定履行承诺，第一笔汇款2万元之后，余款8万元迟迟没有动静，时隔三年左右，《逆风追风》出版之际，我问及此事，希望他们能善始善终，并以自己随即会偿还全部的10万块钱为条件，董万豪、董万颖父母才终于给故事画上了句号。个中缘由，大抵是家家有本难念的经，所以，这是一段有残缺美的历史佳话，但不管怎样，它始终是历史佳话，更是我披荆斩棘的路上举足轻重的一环。作为纪念和感谢，许董万豪、董万颖一世风雅。

董万豪、董万颖这两位终身弟子的出现好似冥冥中的

天意，让我相信，《最青春私塾》那一颗微弱的火种从不曾熄灭。从产业进化的角度看，人类大致历经了靠山吃山、靠水吃水的农林牧渔业，再到基于农林牧渔业的加工业，以及在加工业基础之上诞生的服务业，那我们不妨幻想一下，第四产业是什么？跟前面的三大产业一样，第四产业一定是以第三产业为母体并由此衍生的，如果非要下个定义的话，不妨称之为"精神服务业"，无论是个体的单独发展，还是社会的普遍发展，上升到看似虚无的精神层面是实实在在的事。在"精神服务业"的领域里，文化和教育的地位将日益凸显，"终身"二字并非玩笑。

从幻想回归现实，升级版的《最青春私塾》终将复出，届时它将不再以刊物的形式出现，而是更正规的图书，它会以"爱与梦"两大永恒主题面向风华正茂的少年永久征稿，当然，它不会再叫《最青春私塾》，我觉得叫《山海》就挺好——山之厚重和巍峨，海之包容和灵动。我希望《山海》系列图书如北斗星这盏长明灯照亮少年们的夜空，我想看看少年们到底在怀想什么、在追求什么、在坚持什么、在困惑什么、在思考什么、在欣慰什么，我相信，自己一定会和他们中的一些人成为很要好的朋友，这是人生一大乐事。

　　传播媒介日新月异，很多年后，如果你问我为何对纸媒如此情有独钟，我会不假思索地告诉你：“我希望把‘十年树木’更好地用在‘百年树人’上！”这是我能想到的最具诗意的一个答案。

# 第十三折　爷爷

　　爷爷当年考上了县城的师范学校，这是非常了不得的一件事，比我小姑姑考上高邮师范学校还厉害，更比我考上南京师范大学不知厉害多少倍。那时候他们分配工作大体有两种走向，一是从医，二是从教，爷爷选择了后者，去邻近的一个村子当了小学老师。在村里教书的那段时光，爷爷遇见了我奶奶，他俩同龄，但论起来，奶奶还算我爷爷的学生。后来，爷爷成了农民，平时开小卖部卖些烟酒针线，再后来，村里的人越来越少，小卖部也算名存实亡，木柜里只存些大钱纸和叠元宝的锡箔售卖。

　　爷爷一生重视子女的教育，我读书那会儿，他曾写过一副耐人寻味的春联：一代比一代好，一代比一代强。这副春联里有一层指的就是教育，或者说，指的直接就是小姑姑和我，因为小姑姑是姊妹四个里读书最好的，而我又是下一辈里读书最好的。对农村孩子而言，读书近乎唯一的出路，在文明日益精进的时代，不读书却想出人头地，无异于痴人说梦。

风风雨雨，一生，一晃，一晃，一生。爷爷吃尽了苦头，他的故事里，幸好有我奶奶。

他俩是自由恋爱，在那个年代，这是极其难能可贵的一件事。那时候学校每周放假，爷爷都要回去一趟，每次离开学校走到路口都会遇到一个人坐在那儿跟他打招呼："王先生家去啦？"用爷爷的说法就是："跟个活鬼一样，每次都能碰到。"里下河地区水多，来回都是坐船，让爷爷记忆犹新的是，有一次跟他多聊了会儿，错过了前面的一趟船，过几天得知那趟船在大水荡里翻掉了，不会水的或水性不好的都淹死了。爷爷虽说会水，但水性并不一定多好，更何况，乌漆麻黑的夜里，连往哪边游都不知道，再好的水性估计也要打个问号，所以，爷爷一辈子都打心底里感激那个"活鬼"。他更感激的是，那个"活鬼"还是我奶奶的家里人，这份缘起很重要。

奶奶的家境不错，家里有几头牛，烧饭都是用竹篾编成的大淘箩子淘米，而且，当时村里的女孩子能上学是非常罕有的，尽管奶奶只读了几年小学。母亲说奶奶做姑娘时能歌善舞，花鼓戏跳得特别好，想来或是某个农闲的晚上，奶奶应该当着一家人的面唱过跳过。我没见奶奶跳过花鼓戏，但至今仍记得自己小时候，家里的猪圈刚砌好，奶奶在猪圈里给我唱"小燕子，穿花衣，年年春天到这里……"那是我听她唱过的唯一一首歌，确实动人。

爷爷在县城师范读书临近毕业分配的时候，班里一位女同学托另一位女同学问他家里的情况及接下来的打算，后来，那位对他有意思的女同学选择了从医，去了外地，据说退休时已当上了南京某医院的主任。爷爷选择去村里教书之后，在学校方圆几里之内，奶奶并非第一个出现在他视野里的女孩子，但最终让他坚信奶奶就是他前世缘分的，还得回到那个"活鬼"身上。

那时候的少男少女大多含蓄，谁惦记谁一般都不会轻易吐露，一个更为普遍的事实是，在谈婚论嫁这件事上，少男少女根本没有选择的余地，就好比我大姨父的母亲在结婚当天才知道她男人近乎瞎子。到了我父母这一辈，风气才稍微宽些，但这也是付出了巨大代价换来的。母亲曾给我讲过一段往事，说当时学校里一个女生看上了一个烧窑掼窑坯的，想跟那个人好，家里死活不同意，后来，那个女生深更半夜点着马灯趴在堂屋奋笔疾书，父母都是文盲，误以为她在写作业，第二天醒来才知道桌上的一沓纸是写给所有亲朋的遗书，连同遗书一起的，是一具情窦初开但却失了魂灵的躯壳。母亲说每次上学放学经过那个女生的坟墓都害怕，当时这件事惊动了方圆几十里内的所有乡镇，送葬当天前来围观的人多得跟赶集似的，自此再没哪家敢在婚姻上逼迫孩子。

似理所当然，奶奶的终身大事由家里全权做主。"一个教书先生，姓王，苏雅人，跟徐永珍同龄，属蛇，斯斯文文，铁饭碗，前途一句话！"徐永珍是我奶奶的名字，这是我模拟的一段表述，我相信，那个"活鬼"大抵是这么个意思，家里其他人听了自然也是心欢意满。爷爷奶奶惊讶地发现，即将陪伴彼此走过一生的那个人原来早已出现在自己的生命里，这是何其幸运的一件事。

我看过一个故事，说一个人在只准前进、不准后退的果园里摘果子，他想摘最好的果子，当他看到第一个果子时，摇摇头朝前走去，心想着下一个果子一定更好，看到第二个果子时，他依然这么想，如此往复，直至果园的尽头，他终于一个果子都没摘到。

爷爷一定慎重考虑过自己的终身大事，所有的元素拼凑在一起，他选择了信命并珍惜眼前。奶奶不仅能歌善舞上过学，而且人长得也好看，很多年后，奶奶说当时看爷爷"刷倒刷倒的"，这是我们那儿方言，意思就是形容一个人身体单薄，听得出，奶奶其实很有主见。彼此最终嫁给了爱情，奶奶赶着一头牛来过日子，结婚的房子是太爷跟另一户人家借的一间，后来，奶奶及她家里人幻想的"前途一句话"始终没能出现，非但没能出现，还事与愿违。奶奶没有抱怨，而是与爷爷风雨同舟，一晃便是五六十年，那时的人总是这样，衣服破了不会第一时间想到换新的，而是用针线缝补。

2019 年 9 月 3 日凌晨三点一刻，阴历八月初五，奶奶因病离世，享年 79 岁。

2 号，下午两三点，我从南京赶到老家，跨进堂屋正门时，爷爷正坐在奶奶身旁握着她的手，奶奶安安静静地躺着，爷爷安安静静地看着，隔一会儿就用吸管喂她喝水。

我当时在想，爷爷奶奶恋爱的时候应该也没牵过手吧？这么多年我拍过他俩不少照片，把手机亮度调到最大，举着喊奶奶看，那时奶奶气力尚存，她心底应该是笑着的吧？

3号，很多人在忙忙碌碌，我坐在东房，爷爷因为太累了也坐在东房，房间里只有我跟他两个人，没有开灯，堂屋的灯光很亮。爷爷头一回认输："都怪我，当年要不是因为我，现在是吃不尽的老保，你奶奶也不用跟我苦一辈子。"爷爷还说，"我记住了你书里说的两句话，总有些事逃不过，比如生死。"爷爷还说，"有一次她让我去锯木头桩，我锯了几个好锯的，难锯的就没锯，她说有什么难锯的，不锯哪有得烧，没得烧就把你锯烧掉。女人阴阳口，那天我吓得一天没敢出门，谁料到她现在自己先烧了。"爷爷还说，"那天到园子里掐菜，她种的菜都长出来了，但她是有得种、没得吃。"

4号，爷爷偷偷摸摸把冰棺的插头拔了，说奶奶冷。

5号，爷爷坐在灵床前看着奶奶的照片独自出神，小心翼翼地擦拭上面的香灰，随后从南房的衣服口袋里掏出皱巴巴的本子写东西。我坐一旁细看了会儿，是最近一段时间的记录，很薄，加起来不超过两页。

　　6号，天没亮火化，姊妹四个本不打算让爷爷去，昨晚都说好了，但第二天爷爷又变卦了，非要去，气得离家出走。终于，爷爷还是去了，好在他的情绪并没有失控，反倒觉得圆满。大伯背起红布裹着的骨灰盒的那一瞬，我的眼泪止不住地汪出来，很多年前，奶奶应该也是那样抱着襁褓中哭哭啼啼的大伯哼哼晃晃吧？

　　我每写好一本书，回家时总会先送给爷爷看，就像我九岁那年开始写家里的春联，我好希望爷爷过来看的时候能点头夸我一句，因为爷爷写得一手好字，村里土地庙的字都是他写的，印刷的春联没普及之前，每年都有好些人家拿着红纸上门请他写字。《大荒青衣》完稿后，奶奶的身体还没出现异常，爷爷坐在堂屋里逐字逐句读着我的书，奶奶坐在对面一针一线缝着蛇皮袋，她要用几个蛇皮袋拼出一块大布，到时候好晒稻麦之类。此情此景，我站在香炉旁莫名动容，奶奶抬头的瞬间会不会误以为是当年爷爷在讲台上讲课？

　　我刚去县中读书的那年冬天，出现一次肆虐的流感，学校每天都派专人到每间教室喷洒消毒液，那股略微呛鼻的味道怎么都挥之不去，从早到晚。不幸的是，我染上了流感，起初我以为只是寻常的发热，吃两颗消炎退热的药片便没了症状，但第二天再次发热，我依然没当回事，直至后面咳出带血的痰，我才意识到问题的严重性，我应该是感染了所谓的肺炎，去医院一查，果不其然。好在医疗水平不断进步，这种搁过去几乎必死无疑的病在如今并不是什么大问题，检查完之后在医院打点滴，父亲一直陪我到半夜。

我跟学校请了一个星期假，第二天上午，我躺在出租屋的床上还没起，母亲进来说爷爷来看我了。我当时心想，爷爷怎么会来看我？他没有手机，且家里连电话都没装。再一想，应该是父亲来县城之前去庄子上告诉他的，因为我发现问题的严重性时，母亲第一时间打电话让父亲上来一趟。

爷爷坐在狭小的过道里没怎么说话，就一直看着我，他总是板着脸，一辈子都不会说话。他进来的那一瞬，我才反应过来刚刚窗外的三轮车铃铛声是他弄出来的，他竟然踏着三轮车从村里赶到了县城，而且还那么早。父亲前年买了辆小轿车，从村里送我来县城大概要一节课时间，三轮车的速度跟小轿车又怎能比呢？况且爷爷从没来过我住的地方，他竟能独自尾上门。

提到医院，母亲说当年生下我时医院要名字，她和我父亲想了好几个都觉得不满意，后来就拜托我爷爷帮起个名字。爷爷回去想了一宿，第二天说："就叫王楼吧！楼，木米女皆全。"从上学开始，就陆续有人好奇我为何叫这个名字，我总会开玩笑说自己是在楼上生的，实际上，这个既常见而又寓意非凡的"楼"字正是拜我爷爷所赐。

爷爷从一开始就是饱读诗书的教书先生，尽管他后来成了农民，但他用铮铮铁骨让我始终觉得他是一位了不起的教书先生，他也用一生给我上了生动的一课：风吹来时，枝叶可以随风而动，但根不能动，根一动，树就不是树了，而风一过，过了就是过了！

# 第十四折　瞎子的眼泪

　　农村里的瞎子(指盲人,本文中为当时村里的习惯说法)似乎都会算命, 每年过冬, 带根棍子, 带个铃铛, 由一个向导牵着, 走几步"叮——"一下, 大家就知道, 算命的来了, 求财运、求姻缘的自然会早早地站在院外的巷子里迎着。

　　记忆里外地来走街串巷的"瞎子"大多坏得很, 打一枪换一炮, 他们并不是真瞎, 而是戴个墨镜糊弄人, 不管什么命, 算到最后都有不好的东西, 而他们又极擅长"摆渡", 即消灾祈福。在辞旧迎新的节点上, 大家通常都会图个吉利, 加之村里人爱凑热闹, 被指出命不好的人实在难以退避。咬牙蹦一句"我就不信这个邪!"并愤然离去的人是极少的。

于是，"瞎子"像煞有介事地烧点鬼画符的纸，叽里咕噜念几句咒语，再在墙根埋点什么，轻而易举地大捞一笔走为上。

"吴瞎子"是本地人，上了岁数双眼近乎全瞎，也会算命，但他从不出门替人算命。他是我此生结识仅个把小时但却始终难忘的一个朋友，鲜有人知道他原名，也鲜有人想知道他原名，大家背地里都喊他"吴瞎子"，并无不敬之意，全然系大家印象中瞎子与算命联系紧密所致。

"吴瞎子"原名吴茂宝，跟我爷爷是故交，年长我爷爷五岁，他俩是很多年前在田地里捡豆子时认识的，一番攀谈之后，发现彼此经历相仿，由此一见如故。他小时候读的是私塾，年轻时走南闯北，学过剃头手艺，在学校里当过事务长，后来也成了农民，人生的故事自此波澜不惊。他也育有四个孩子，且同样是两男两女，大儿子开饭店，小儿子据说是抢银行，至今仍在坐牢，大闺女嫁给村里开收割机的一户人家，五十来岁因病离世，小闺女在外做生意。

我与吴爷爷的故事发生在 2019 年 9 月，具体哪天我忘了，但一定是在我奶奶走了之后的某天，因为丧事结束后我并没有急着赶回南京，而是在家多待了几天。

动身回南京那天，临近中午时分，爷爷突然来找我，说带我去看一下吴爷爷，此前吴爷爷通过他买了我 10 本《大荒青衣》，老早就想见我了。我欣然应允，于情于理，都该是我登门拜访。我坐在爷爷的电动三轮车后面，很快，一刻钟样子就到了吴爷爷家，原来他家就在镇上那座大桥北面，中心小学就在河对面，读六年级时村里修水泥路，我上学放学天天从他家后面那条小路走。

吴爷爷正坐在廊檐下，听到了院子外面的动静，也听出了是我爷爷的声音，赶忙摸着墙起身相迎。爷爷说明来意，他眯着眼朝我这边看来，不无兴奋地说道："今天果然有贵客。"我暗暗好笑，真是个跑江湖的家伙。

跟很多人家一样，吴爷爷家的院门开在东面，院子不大，红砖铺就，横七竖八爬满了藤蔓，墙角有一株我叫不出名字的低矮灌木，几只老母鸡漫不经心地在阴凉处啄食。

我拾掇一条板凳在吴爷爷身旁坐定，个把小时里，基本上是他说我听，偶有间隙，我便顺着他的话扯些史书典籍里的断章残篇帮其总结，他闻之愈加欣喜。他出口成章，很像一个说书人，提及我爷爷时，他说："赤壁之战，诸葛亮和周瑜问计，在掌心各写一字——火。我和你爷爷经历相仿，上次我们也说，用一个字总结这辈子的失败——满。"

吴爷爷的本意应是"满招损，谦受益"，这是做人的层面，我后来在此基础之上琢磨出了另一层意思，即做事的层面，做事须风帆鼓满、全力以赴此类云云。

此前他买了我 10 本《大荒青衣》自留及送人，最远的一本被他寄到了辽宁，他看不到字，就请人读给他听，听完甚是欢喜。更欢喜的自然是我，要知道，吴爷爷彼时已 84 岁高龄，且是瞎子，他恐是我此生见过最美的一位读者了。

吴爷爷说早就掐过我的生辰八字，说我是大人物。这真是让人啼笑皆非的一份信任，多少个不眠之夜，我只能从书本里翻出那句"天将降大任于斯人也，必先苦其心志，劳其筋骨，饿其体肤，空乏其身，行拂乱其所为，所以动心忍性，增益其所不能"聊以自慰，但撇开迷信，老人家这份沉甸甸的祝福我欣然收下，因为我相信，一路走来收集的或大或小的祝福会汇聚成一股强大的气，在 960 万平方公里的土地上悄然升至浩瀚无垠的夜空，为我披荆斩棘指引明亮那方。

那年冬天，时值小寒，傍晚照例给家里打电话。母亲突然说："那个吴瞎子归西了，前几天走的，睡觉睡死的。"

我说："哦。"挂完电话后，我的心情久久不能平静。

吴爷爷普通到没有史家会给他哪怕只言片语的记载，但他在我心里却是如此鲜活的一个人，如果说他有一样东西真正打动我的话，那就是他的眼泪。我奶奶刚走没几天，他安慰我爷爷时竟突然老泪纵横，我在一旁看得分明，那一瞬，我震颤不已，人世间多么稀罕的一样东西呵——瞎子的眼泪！

吴爷爷是个见过世面的人，不然也不可能把我的书寄送到辽宁，我说自己在南京师范大学读书时，光凭他一句"南阴阳营、北阴阳营"就能听出来。

吴爷爷是个很有情趣的人，他张口就能唱出动人的曲子，逢插秧或划船时总被乡邻怂恿唱一首，他说那时候唱首小曲挑逗女子最动人，哪像现在这些乌七八糟的，他还即兴给我唱了几段。

吴爷爷是个热爱家园的人，没事就喜欢去学校门口收废旧电池，他说小孩子不懂事，这玩意扔水里就完蛋了。

吴爷爷是个心怀天下的人，这么些年，他通过收音机践行着"家事国事天下事，事事关心"的古训，拳拳赤子之心天地可鉴。

吴爷爷是个历经风雨的人，他叮嘱我："画骨画皮难画心。"吴爷爷看不清这个世界，所以，他可能看得更清楚吧。

每每念及吴爷爷，多少有点自责。他一肚子墨水，想把平生所见所知所爱的大运河文化整理成册给这个世界留点什么，他知道我无暇写这些，临分别时，他紧紧拽着我的手诚恳地托我帮忙留意对此感兴趣的人。我应声点头，并说下趟回来肯定会来探望，但我心底里知道，对于帮他找人代笔一事纯粹是随口应付。吴爷爷恋恋不舍地送我到院外，因站得太久，我坐上车的时候发现他竟蹲在了地上，且不住地挥手，像个无助的孩子。

谁料，这一挥手，初逢竟是永别。

吴爷爷是本故事书，自然也是个爱听故事的人，《山海经》这三个字是遗传在我们民族基因里的字符，恐不识字的乡野之人望着太阳都能讲出一段动人的神话传说，遑论吴爷爷还是饱读诗书之人。分别后的某天，他托我爷爷问我《山海经》系列的第二本书何时出来，我闻之沉默许久，因为《伏羲女娲》完稿需要一段时间，出版更需要一段时间。

只因吴爷爷一句话，我决定在《山海经》系列之外先推出一部横跨了我整个青春的作品——《逆风追风》，尽管它跟《山海经》题材毫无关联，但不管怎样，它是我写的一本书，也算得上一本故事书。书里的角色简单到只有"我"跟"小和尚"，讲述了梦里的一段故事，"我"跟"小和尚"就坐在村后的小石桥上，恰似那年盛夏，只有我跟吴爷爷，两人坐在廊檐下谈得意犹未尽。

2019 年 12 月 9 日，《逆风追风》与百花洲文艺出版社正式签约。2020 年 1 月 6 日，惊闻吴爷爷溘然长逝的噩耗。

彼时小寒，感慨系之，即兴一首：

### 留春令·小寒

山河有梦，烟雨无声，似故人泪。促膝执手言日短，数风流、少年事。

墙角寒梅谁复问？塞北江南客。朝夕一别作万年，不负卿、立天地。

## 第十五折　传奇的标配

2019 年冬天，在路旁折了枝含苞待放的蜡梅，洗净，稍加修理，插于瓶内，置之书架高处，颇得沉香之境，书房缘此别有洞天，百无聊赖数了数，共有 26 个花骨朵儿。彼情彼景，应了古人那句："灯下玩花，帘内看月，雨后观景，醉里题诗，梦中闻书声，皆有别趣。"

论传奇性，2018 年冬天顺手折的那一枝蜡梅恐是今生最难忘的一枝。

收董万豪、董万颖为终身弟子后，每年开学前我都会带他们几天，也没什么刻意安排，就让他们跟在我身边，陪我看书，陪我出门，如影随形。为了节省开销，我原先的工作室 2017 年夏天到期后就没再续租，而是搬到了一个长辈赠送的地盘。2018 年夏天倏忽而至,暑假快结束时,董万豪先过来当了四五天的小跟班,我照例要带他去工作室坐会儿。

　　工作室在钟山北麓的一个别墅区,赠我地盘的那个长辈租了套小别墅用来卖茶,我此前批发的茶叶正是从他手里拿货的,后来茶叶基本上被我送完了,有意思的是,最后他竟也慷慨地把楼上一层送我单独使用。平日里我很少过去,因为别墅周边的公共交通不是很方便,而我创作对场地的要求其实并不高,只要安静即可,另一方面,就是我知道那个长辈无非是希望我能帮忙带动人气继而转换成茶叶销售。可是,他的耐心不够,一年下来,或是看我总是独来独往,他终于跟我收回了钥匙。但不管怎样,我仍然很感谢他,因为他借我工作室的那一年是故事不可或缺的一环。

　　时间的齿轮不偏不倚地卡在了我带董万豪去工作室的那一天,早一天不行,晚一天也不行,再精确一点,时间的齿轮不偏不倚地卡在了我带董万豪去工作室的那半个小时。

　　茶室以批发为主,平时鲜有人光顾,遂只雇用了一个年岁较长的女服务员，正常九点半开门。我按十点钟计算，到的时候茶室里里外外已被打扫得焕然一新，我打了个招呼就带董万豪径直上了楼。我跟董万豪相对而坐，随手把案头一本讲解诗词的书推了过去，让他在里面挑选三首最喜欢的诗词，至少要有一首词，每一首都要附上三条选择的理由。

工作室安静异常，只有董万豪翻书做笔记的沙沙声和窗外的阵阵鸟鸣，兀自出神间，忽闻楼下有谈笑之声，这个点，应该是预约前来取茶的客人吧，我在心里这么想着，并没多加在意。听到杯盏的动静，我下意识地想泡点茶，扭头才发现滴水全无，加之跟董万豪说了一路，越想越渴。我问董万豪渴不渴，答曰有点。我寻思着等楼下的客人走了之后再下去，但等了一会儿，谈笑声似乎正在兴头上，丝毫听不出要走的意思，索性又拉董万豪径直下楼讨茶吃。

客人是一对气质非凡的母女，我坐在一旁自斟自饮了几杯，终于听出了大概。这对母女就住在别墅区里，要赶中午的飞机，临出门前母亲带女儿来此间认个门，大意是女儿如果哪天钥匙忘带了而家里又没人的话可以先到这边坐坐。我自然而然也把自己的情况大概介绍了一下，彼时

《大荒青衣》尚未面世，但并不影响我对整个《山海经》项目的阐述，一谈到书，一谈到自己在做的事，我总会开闸泄洪般地讲很多。

跟燃香一样，喝茶这种雅好历来也被用于计时，作品里常见的一盏茶工夫折算成现代计量标准，约莫十分钟。

那一个波澜不惊的上午，三盏茶工夫，没有谁会料到，一段似从唐宋走来的故事已悄然埋下了种子。那天傍晚，我照例给家里打电话报平安，突然插了句："今天碰到一个女孩子，神眼洞天，特别优秀，娶老婆就要娶像她那样的。"母亲一笑而过。

转眼，时节已从盛夏拨到了深秋。那个女孩子的母亲临走前跟我要了联系方式，但随后的几个月里，彼此从未有过任何交流，直至某个沉闷的上午，她突然说心情从未有过地低落，想跟我聊聊。真是无巧不成书，我至少半个月没去工作室了，收到她信息时我刚好走到工作室前面的路口，于是回了句："你来吧，我在的。"那天去工作室是要整理点资料，省版权局告知我的作品入围年度优秀版权作品评选，需递交一些打印材料。

在她走来的那一小段时间里，我不免慨叹，真是家家都有本难念的经，富贵人家也有富贵人家的苦恼。人世间无外乎一个情字，看到信息的那一瞬，其实我就猜出了一二，她的婚姻十有八九是不幸的，而这个爱恨交织的情字又非一人一朝一夕所致，甚至要倒推到原生家庭，但她给我的第一印象为何看不出丝毫端倪呢？如今她又为何会突然想到我呢？

不管我问什么，她都说不出所以然，所以，我不再去问，转而对着手头正在整理的资料眉飞色舞地讲起了书里的剧情，讲着讲着就入戏了，手脚并用地扮演着很多角色，无形中放了一部精彩的电影。那一次，我讲得开心，她听得开心，笑声似能掀翻屋顶，看得出，她心头莫名而起的愁云又在不知不觉间如烟散去。我后来想想，这无异于哄小孩子，小孩子根本不会跟你讲理，你也问不出所以然，最好的解决办法就是，直接把他抱到另一个新奇的地方转移他的注意力，他自然就不再哭闹。

过了深秋，便到了蜡梅盛开的时节。因自己在做的事迟迟没有起色，为了尽可能节省开支，我打算把租住的房子到期后换个小点的。从上学至今，我一路收藏了近两千本书，要给这些书挪个窝真是件头疼的事，搬一次还好，但搬完这一次，恐还有下一次和再下一次。书跟人一样，也怕折腾，我想了想，决定给这些书找一处一劳永逸的安身之所，至少几年内不会再折腾它们。

如那个女孩子的母亲当时第一个就想到我一般，我在决定找人帮忙的那一瞬立马也想到了她，因为她打小在军区大院长大，性情直率，教养极高，我觉得她有路子妥善处置这些书，交给她，我放心。

我把这个想法告知于她，她果然爽快地答应了下来。第二天，她说一个朋友的办公之所很雅致，很适合放这些书，但随后她又觉得不妥，说自家书房的书架正好空着，像是特地为我准备似的，问我要不要就把书放在别墅里，并邀请我去她家实地参观一下。我说好，因为这些书放哪对我而言其实并没什么太大区别。出于避嫌，我在此前的交流中透露自己已经有了对象，尽管实际上并没有，她心情莫名低落那次无意中问及。

工作室门口的斜坡上有很多株蜡梅，我一个人的时候总喜欢站在一株旁闭目贪婪地嗅很久。记得那天是阴天，走到她家也就三五分钟路程，出于礼节，初次登门无论如何都不能空手，想想图书正在出版社打磨，至于茶叶吧，送便宜的说不过去，送贵的又舍不得，忽闻暗香拂面，为何不依古法就地折梅赠佳人呢？这真是个稀罕的主意。于是，我信步走至一株旁，顺手折了枝最顺眼的，赏玩一路，不觉已至她家门首。

她开门瞬间见我递过去的那一枝蜡梅时欣喜之情溢于言表，后来我才得知，她父亲当年在家门口就种了株同样品种的蜡梅，那是她最喜欢的花。她把欣喜之情分享到了朋友圈，身边人由此知道小英子最喜蜡梅，有好事者甚至送来一大捧更具观赏价值的蜡梅，但她始终觉得我送的那一枝最美。神奇的是，我的那一枝蜡梅是送得最早，但却谢得最晚的。据说自然界里有一个关于爱的实验，如果一个人对着一朵花深情注目并虔诚祈祷，那这朵花真的会开很盛、开很久。终于，那一枝蜡梅还是谢了，是花总会谢的，花枝被她小心翼翼地保留着，插在陶罐里倒也赏心悦目。

小英子是她的小名，走过大半生，膝下有一双千金，我那天遇到的是小女儿，小我很多岁，仍在上学，大女儿大我很多岁，早已成家。

这个传奇的故事其实从一开始就围绕她小女儿展开。

春节将至，我回老家的前一天她特地邀请我吃了顿精心准备的晚餐并塞给我一笔压岁钱，作为年长我33岁的长辈，我没有拒绝她的好意。席间听她讲了些陈年往事，提到婚姻，她竟止不住地落泪，那一晚，她说了两次："我家小女儿挺适合你的。"我始终没有接话，我的心情是复杂的。

小女儿是小英子的掌上明珠，用她的说法就是："心尖尖宝贝！"从小女儿呱呱坠地的那天起，母女俩几乎形影不离，小英子更是以身作则地把小女儿教育得优秀异常，她确实是一位了不起的母亲。但是，她的教育里有一道硬伤，就是缺少父亲才能给予孩子的那份爱，这份缺失的父爱让小女儿始终不擅长与异性打交道，但凡有异性稍微表露出一丝暧昧的示好，小女儿便会吓得落荒而逃，这真是个要命的问题。

富贵人家若不生个男孩子传宗接代，似乎总觉得少了点什么。在小女儿之前，小英子确实怀上一胎，可惜不小心流掉了，恰是个男孩，再后来，怀上了如今的"心尖尖宝贝"。不得不承认，人性里最隐晦的往往是最真实的，就好比她小女儿在国外读书那么多年，在性开放的氛围熏陶之下依然守身如玉，这本身就是让男人心动的一点。

我知道这些故事的那年冬天，小英子的父亲也如凋萎的蜡梅花谢幕，对小英子这一支的家族而言，顶梁柱不复存在。小英子守灵的那个晚上，我用手机陪她聊了很久。后来的某天，她跟姥姥闲聊时竟又说出了我的这个想法。姥姥说："小王说得没错呀，老头子走了以后，大院里的人对咱家好像感觉都变了。"

2019年初夏，小英子午休时做了个跟我相关的梦，哭醒了，醒来后对我说："以后这套别墅跟你姓。"小女儿即将回国，这句话的语境自然是她无论如何都要把小女儿嫁给我。在男婚女嫁这件事上，她看得很透，尽管我跟她小女儿家庭背景、教育背景悬殊，但我的原生家庭是幸福完整的，这是很重要的一点，其次，我只是暂时没什么钱而已，而像她小女儿这种出身的人家根本不会看重钱，缺的正是我身上有的那些东西，比如理想、信念、坚持、善良等。她还说平生见过很多聪明人，不聪明他们事业做不大，但我跟他们不一样，我是属于1%绝顶聪明的那种，很多人乍一看都会看走眼。这不禁让我想起自己曾跟家里人说过的一段话："不是所有人都朝后看的，也不是所有人都只看脚面子，如果所有人都朝后看或只看脚面子，那世界就完蛋了。"这段话跟小英子的想法是契合的。

　　后来发生的事果然事与愿违，尽管我是第一个看透并走进她小女儿世界里的那个异性，但我始终化不开那片世界里的寒冰，那片世界里的寒冰与生俱来，以致我完全不知所措。

　　如果说小英子在下一盘棋，那落子之初，她其实就知道胜算几乎为零，但几乎为零不代表肯定为零，希望是做出来的，试试总是好的，万一赢了呢？

　　事与愿违的另一层意思是，小英子不仅输了这盘棋，且连棋盘都被打翻了，这是出乎意料的一件事。我以为，小英子让我并配合我追求她小女儿，最坏的结果无非是小女儿不同意，然后就像从没发生过这件事一样。我从人性的角度分析，认为每个人都需要爱与被爱，如果一个男孩子想方设法去追求一个女孩子，即使女孩子不同意，但至少她不会怨恨追求者，甚至还会在多年后的某个瞬间怀念起当年的追求者。可现实偏偏如戏甚而比戏还精彩，远在国外的大女儿和"心尖尖宝贝"与母亲彻底断绝了往来，家里除了姥姥，没有人站在小英子这一边。

　　究其根源，还是参与这件事的人太多了，小英子原本以为多一些人参与是好事，岂料人心隔肚皮，是非黑白转瞬颠倒，从小女儿出世就不闻不问的"只许州官放火，不许百姓点灯"的那个"州官"最终搅乱了本该平静收场的一盘棋。这里不妨把别墅放大成皇宫，为了帝位，手足尚可相残，为了争宠，百般钩心斗角，人情不值一提，明代奇书《菜根谭》一语道破："炎凉之态，富贵更甚于贫贱；妒忌之心，骨肉尤狠于外人。"

引发"州官"不满的主要有三点：一、小英子给了我很多钱；二、小英子要把 3000 万的别墅拱手相让；三、小英子跟我有不正当男女关系。

关于第一点，小英子确实给了我不少钱，但并非现金。她深谙人情世故，知道只有让我保持一定的饥饿感才能成事，所以她花在我身上的钱基本都花在了我穿着及相关硬件上，所谓好马配好鞍，她的初衷无非是希望我看起来更体面些，好让她小女儿多瞧一眼。

关于第二点，如小英子所言："以后这套别墅跟你姓。"这句话的大前提是我和她小女儿的婚事必须要成。如果不成的话，偌大的空间便毫无人间烟火气，冷冰冰的钢筋混凝土阴气森森，于情于理我都不会要，更不该要。

关于第三点，这个世界本质上只有两种人：男人和女人。

如果初相遇时彼此没有好感，遑论后来，小英子是个极度自律的人，她懂得克制那份本能的情愫，她更是一个会抓关键的人，她心心念念的只有一件事，就是把我完好无损地交给她小女儿。

2020 年新春佳节，小英子仍抱着最后一丝希望赶去国外看望她的两个孩子，主要是想跟小女儿再说说我的事，因为她想让小女儿明白，身为过来人的她用心良苦。接下来发生的一幕要比冬夜里的寒风更刺骨，那一天，她连人带行李被大女儿赶出了家门，小女儿在一旁选择了沉默。个中滋味，恐只有小英子自己才能体会。

一波未平一波又起，全球疫情悄然席卷而来，各国航空路线中断，没辙，小英子只能租住在一位友人闲置的房子里。某日，她突然打电话给我，说一整天胸闷气短，茶不思饭不想，恐是染上疫情命不久矣，让我接受遗嘱继承包括 3000 万别墅在内的指定资产。后来她去做了核酸检测，结果呈阴性，想来或是闷在屋子里太久，加之心情抑郁所致。

韩寒在接受高晓松专访时提及一段往事，说一个地产开发商欲以 900 元每平方米的白菜价送他一套北京二环的房子，后来他没要，而是把卡上仅有的 10 万块钱买了赛车零部件，如果当时他要了，这套房子可以让他赚几千万，但他也只是赚了些钱而已，并没有觉得为理想而努力。

很多年前，我第一次看到韩寒的这个故事时总觉得很缥缈，但另一方面，我又隐隐地幻想，哪天会不会有人也送我一套房子？小英子让我继承遗产这件事够我啼笑皆非一辈子，原来童话都是真的。跟历代王朝的谋反一样，谋反很大程度上并非谋反者的本意，他们只是没了退路，不得不反。相较于韩寒那套北京二环的房子，我这套南京钟山北麓依山傍水的别墅从各方面都是有过之而无不及，想来有人送房子或是传奇的必备要素之一。

爷爷听罢这个故事，叹道："过去穷，没有才争的，有的话，争什么呢？"我有时很好奇，一个人对外的言行举止大义凛然，背地里满脑子装着房子、车子、票子，以及各种保障，我们能指望这种人成为什么样的中流砥柱呢？这种人多吗？少吗？

时过境迁，提到小女儿，小英子依然会以"你小媳妇"呼之，至于提到我，她会蹦出一大串：小老师、小女婿、小和尚、小情郎、傻儿子、楼仔仔……在她身上，我能真切地感受到一股伟大的母性力量，以及裹挟其间的干净的男女之情。她不止一次断定，无论面相还是年龄，我就是她当年那个投胎的儿子来讨债的，这是她能想到的最好的解释。

"等你长大了，你要成为一个了不起的大人物，保护你的娘亲。"这句话出自《伏羲女娲》反派人物之口，昆仑大将应龙只身前往南蛮之地递送昆仑密令，途经一山坳里的村落歇脚，正自赏玩间，偶遇穷奇食人，路见不平，拔刀相助，缘此救下一对母子，这句话便是应龙末了对小男孩所言。

"等你长大了，你要成为一个了不起的大人物，保护你的娘亲。"小英子不知道，这句话实则正是我想说给她听的一句话，她说了两次"我家小女儿挺适合你的"那一晚，我复杂的心情里有这句话的成分。

如放榜时在皇榜下焦急等待的书生，还有站在一旁窥伺择佳婿的达官贵人，这个传奇的故事自始至终都沾满了古典的气息；又如一枝梅，就那么黯然销魂地开了千百年，且仍将次第开放……

# 第十六折　山海英雄联盟

2019 年是"山海英雄联盟"元年,那年盛夏,《伏羲女娲》一书正式着手创作，这是柳暗花明的一步。

人大多有一种画地为牢的心理，若非为现实所迫，我们极少愿意跨出那个圈去改变什么。就好比我自己的创作，我每写完一本书，包括没写之前，我总觉得这本书是多么地无与伦比，然而，过段时间再回过头来看，它并没有当初自以为的那般好。在山海英雄联盟系列之前,《大荒青衣》作为《山海经》系列试水之作,跟市面上多如牛毛但却默默无闻的相关作品一样。我的心理状态是自满的,感觉跟《山海经》这部上古奇书沾了边便是多么了不得的一件事。

《大荒青衣》完稿后，我要做两件事：一是图书出版，二是影视制作。从图书出版到影视制作，这是一个价值不断渗透、不断放大的过程，但这两件事里的任何一件都有着让人望而却步的天堑，而我必须想法子跨过去。

在《大荒青衣》图书出版这件事上，我确实花了心思。因自己资历尚浅，跟很多作者遇到的窘境一样，出版社编辑迫于业绩压力，鲜有人就书稿论书稿，遑论后期的营销推广。这是一个能清晰表达出来的问题，所以，它实际上并不是什么问题。首先，我们要换位思考并尊重大的市场环境；其次，我们要相信人性里那些美好的东西；最后，针对问题有的放矢。历经波折的《大荒青衣》终于有幸被高层赏识并花落百花洲文艺出版社，出版社主任作为该书的责任编辑事后说了句意味深长的话："你是一个值得帮的年轻人！"

若是自欺欺人的话，《大荒青衣》实际上提前大半年就可以面世了，没必要等到 2018 年 8 月 8 日才跟百花洲文艺出版社签约。

在没有足够的资金和资源支撑的情况下，我依然毅然决然地选择了无论如何都要把《大荒青衣》这本书出好，这里面，有一个人扮演了至关重要的角色并深远影响了《山海经》项目的走向。

他是一位副厅长，2017年冬天因一位画家结识，起初我并不清楚他是谁，只听闻那位画家朋友说他是个有头有脸的人物，在省里能活动得开。那位画家朋友是黄永玉的门生，本身也算个有头有脸的人物，想来所言不虚。直至当晚，那个人在省政府一处餐厅请客吃饭，席间我才知晓身旁略显清瘦的他竟是某厅的副厅长。

2018年清明前两天，那位副厅长突然打电话邀请我去他办公室一叙。彼时《大荒青衣》图书出版事宜尚未尘埃落定，至于大约4亿人民币的影视招商更是毫无头绪，我去的路上在想，他找我莫不是为了商讨此事？带着一份隐隐的期盼，我如约而至。

他的办公室很雅致，待我坐定，他给我沏了杯茶，屋子里就我俩，他说关起门来我可以叫他叔叔，并讲了些他一路走来当兵从政的经历，随后，他果然聊到了我的《山海经》项目。

"你这个事真是做到了点子上，政府正好需要你这一块，为什么不先拍成水墨动画呢？投资小，做起来也方便。"他顿了顿，"省委宣传部常务副部长是我很要好的朋友。"

"走院线。"我下意识地强调了一下。

"这都是很容易的事。"他闻之大笑，"这是你的项目，你接下来要做的就是明确权责分工，至于钱，是你的，跑不了，不是你的，强求不来。"

当着他的面，我不禁慨叹："如果我家七大姑八大姨里有你这种级别的亲戚，我的事估计早就成了，但话又说回来，如果真有你这样的亲戚，可能我又干不出这事了。"

那一瞬，我真切地感受到成功近在咫尺，他的话让我心动不已，更让我茅塞顿开。我的书拍成电影原打算请真人来演，这是费时费力且需要投入大量资金的一件事，在此之前，《大鱼海棠》和《西游记之大圣归来》的成功上映实则已暗示了另一种可能，《山海经》取之不尽的神话素材如果拍成动漫电影，也就是那位副厅长所谓的水墨动画，真是再合适不过了。以书为始，超级IP（知识产权）在握，多年后的影视该请真人来演的还是会请真人来演，但当下，动漫绝对是最优选择，更像一块跳板，这是一个严丝合缝的递进过程。

聊完已至正午时分，他留我在单位食堂用餐，吃完后，他突然问我清明回不回去，我说不一定，他说他每年都会偕夫人一起回去扫墓,然后很多事就顺了。我"嗯"了一声,听出了他的话外音,就此别过。

那位副厅长是我当时接触到的最大的官,他的一个细节让我至今钦佩不已。我在他办公室的那一两个小时,他的手机突然响了起来,他赶忙把它调成静音丢在一旁,后来我看又有电话进来,他竟视若无睹。

第二次见面是在省委党校,确切的时间点已不记得,只记得是一个燥热的午后。那位副厅长说全省厅级以上的领导干部在集中学习培训,让我带几本样书过去,到时候正好交给省委宣传部的几个人。

上次一别,我对电影这一块的方向已非常明确,就是走动漫院线。至于图书出版,我始终没能触摸到最想要的那个结果。

我带了几本简易装订的《大荒青衣》打印稿到了那位副厅长休息的房间,他的桌案上摆了一摞新书,我瞥了眼,大多是关于时下最新潮的一些概念的,比如大数据之类。难怪他如此有先见之明,原来为官者也在不断学习那些最先进的东西,我在心里暗自赞叹。只见他左手拿起一本外观精致的新书,右手拿起我相形见绌的打印稿,把两本书重合在一起比对了会儿，随后又单独翻起了我的书稿，末了扭头说道："哪怕是借钱，你都要把这本书出好。"

其实，无须那位副厅长多言，在看到他桌案上一摞新书的那一瞬，我无论如何都要把《大荒青衣》这本书出好的念头早已愈加坚定。这里的"出好"有两层意思，不仅仅是他所期望的装帧精致，还与我心心念念的后期宣发力度有关，毕竟《大荒青衣》是《山海经》一盘棋落下的第一子。

"每本书签个字。"他在临别时伸手示意。

大半年后，《大荒青衣》一书华丽登场。我打电话给那位副厅长，他没接，可能像上次接待我一样，他应该在忙吧。过了半天，我又打了通电话，他依然没接，而且到晚上都没回复。第二天，我再次试着打了几通电话，终如石沉大海。

他怎么突然不理我了呢？我百思不得其解。此前的中秋，他还出乎意料地主动给我发了条"才子节日快乐"的信息，之后到底发生了什么？出于感谢，我仍然寄送了一本《大荒青衣》给他，签收信息显示为本人签收，这自然打消了我一些不好的想法。

"来如春梦几多时？去似朝云无觅处。"那位副厅长像极了一位匆匆而过、指点一二的世外高人，更似一位深谙水性的老水手，趁着夜色偷偷扭转了我这艘《山海经》超级航母的航向，这件事的重要性不言而喻，尽管他自己并不知道。

另一件更蹊跷的事与一位萍水相逢的书商有关，八分钟，进一步明确了我这艘《山海经》超级航母的航线。

2019年7月中旬，董万豪、董万颖的母亲突然约我去见一位书商，说对方经营教辅类图书多年，对我或有裨益。我本不打算前去，因为专业的事交由专业的人做，出版社对我的图书宣发力度已足够大，另行去见一位书商，我似乎无话可说，但我看了下地址，距离我住处仅七八里路，加之碍于人情，我还是答应了。

我比我徒弟母亲早一步到，遂自报家门跟那位书商先聊了起来。对方是河南郑州人，曾从军多年，本职是新闻工作者，经营教辅类图书是他后来策划运作的项目之一，黄帝故里拜祖大典是他始终参与的一件大事。这是我从彼此的交流中得到的信息。

没一会儿，我徒弟母亲就到了，还带了另外一个人，那时我才知道她到访的目的是为他们正在推广的一个电动车充电桩项目寻找合作者。那位书商并不是省油的灯，看得出，他对我徒弟母亲他们的项目不屑一顾，没聊一会儿，就索性推销起了自己正在策划运作的一个火锅品牌。这与此前他对我的态度大相径庭。

话不投机半句多，我徒弟母亲他们后来识趣地先行告辞。我坐在一旁一直没吭声，起身送至门口又回头坐了下来，一则不赶时间，二则不想也不便与其同路，这是最主要的，至于对那位书商，虽说听了半天感觉他神通广大，但我倒真的一点诉求都没有。

习惯性地把自己的《山海经》项目讲完后，我也起身道别，跟来时一样，我在网上预约了一辆车，信息提示我竟然要等八分钟。烈日当空，我一个人站在路口出神，又不是上下班高峰期，又不是偏远地区，又不是大半夜，为何预约一辆车要等这么久？真是头一回。

漫长的八分钟终于临近尾声，我望见不远处的拐角驶来一辆车，正是自己预约的那辆。巧就巧在，那辆车拐弯的瞬间，我听到了身后有人唤我。"正好，一起吃个饭，跟你聊书的事。"那位书商随同公司另一位负责人快步走来。

若无"书"这个字，我应该会婉拒，毕竟车已经来了，

但听闻"书"的那一瞬，我竟毫不犹豫地应声点头，并随即在网上取消了订单。司机或许会误以为乘客是等太久才取消的，实际上，并非如此。那一瞬，我冥冥中感觉到了另一种可能，多么精巧而自然，像是谁提前布下的一个局。

"你可以写一部关于伏羲或女娲的作品，我跟河南周口的领导熟，到时候政府立项，这是他们求之不得的事。"那位书商席间开门见山。

听那位书商道明了原委，我才知道伏羲和女娲的陵墓恰在河南周口。平心而论，自己虽盯着《山海经》，但仅止于蜻蜓点水的层面，若论史学，恐还得交给专家学者。

跟当时那位副厅长的故事如出一辙，听了书商的话，我依然心动不已，回去立马就整理出了一份颇觉满意的故事纲要，这份故事纲要既不是《伏羲》，也不是《女娲》，而是《伏羲女娲》。我把《伏羲女娲》的故事纲要发给了那位书商，他说光有故事纲要还不行，我还得再拉拢一批文化界、教育界、学术界相关的名流，那样方能立项。我和那位书商的故事由此戛然而止。

有别于副厅长那一次的从心动到困惑，书商这一次，我是持续地心动。我突然意识到，自己已浑然不觉地驶入了一片豁然开朗的天地，这份持续的心动正是《伏羲女娲》所赐予的。与这份持续的心动近乎同步，《哪吒之魔童降世》异军突起且一路高歌刷出 50 多亿的票房，这愈加刺激并坚定了我以《山海经》里那些神话人物的名字来命名每一部作品的念头。

2019 年的盛夏，思前想后，我正式提出了以《伏羲女娲》为开山之作的"山海英雄联盟"这一概念，相较于此前宏观宽泛的《山海经》系列设想，主打少年派的山海英雄联盟系列无疑更具象更有穿透力，该系列一如既往地以书为根基，接下来首推动漫院线。

突然想起一个故事，据说乾隆皇帝下江南，但见运河上的船只来回穿梭，一派欣欣向荣的盛世景象，乾隆皇帝忽指着水面问一旁的纪晓岚："这水上一天得行多少船？"纪晓岚对曰："这船无非两只，一只为名，二只为利。"除了"名、利"这两只船，世上恐还有一只叫"权"的船，这三只船熙熙攘攘，互通有无，只不过乾隆皇帝和纪晓岚当局者迷或不便直言罢了。

# 第十七折　全球疫情考验

　　情怀让事业走得更远，商业让事业走得更稳。

　　如混沌初开的天地，山海经行影业的从无到有并非一蹴而就，加之在疫情肆虐全球的背景下逆势成立，多少沾了点英雄史诗的味道。作为山海英雄联盟系列的领衔出品方，以开山之作《伏羲女娲》动漫院线融资一个亿为导火索，对它的考验才刚刚开始。

　　公司也好，项目也罢，归根结底，还是人的问题。在这里，不妨把山海经行影业比作混沌裹挟的那一片光亮，我会尽可能再现当时的情境，出于对历史的尊重，本人声明：这里出现的每一个人，以及他们说的每一句话，都是真实发生且丝毫无差的"史实"，为了行文方便，均以原名称呼相关当事人，并无不敬之意。

2020 年 7 月 30 日，手捧着沉甸甸的山海英雄联盟系列图书，我要成立山海经行影业的念头已非常明确，我突然想起一个人——中央军委金盾影视中心主任李学政。2020 年春节，武汉因疫情封城，知名媒体人朱鹏源为赈灾发起捐款，名录里李学政捐款 10000 元的字样格外显眼，我那时才知道，集演员、编剧、导演、制片人等身份于一身的李学政跟朱鹏源当年一起共事，且不难看出，他俩是非常要好的朋友。由此，我想请朱鹏源牵线搭桥，邀请李学政参与到我的影视项目中来。

朱鹏源是长我十余届的南京师范大学学长，也是宝应老乡，曾任职于国新办、中宣部和中央军委等媒体部门，后成立中国新闻传媒集团并亲自担任总编辑，为维权事业奔走呐喊。他曾给我写过一段公开的寄语：

来自里下河扬州的老乡才俊

来自东方最美校园的小师弟

文弱安静的外表下

隐藏一颗纯粹干净的心灵

聪明的头脑

加上极高的情商

相信你的明天更美好

奔跑吧，青年！

所以，在请朱鹏源牵线搭桥这件事上，我是慎之又慎的。

朱鹏源果然答应了我的请求，并把我的原话转达，末了问李学政："老兄感兴趣吗？"

李学政答曰："目前关键是这样啊，弟弟，现在我的任务太重啦，今年任务太重啦，明年建党 100 周年。我估计没有时间参加，你知道吧。他那边到底有什么资源，比如说就关键是资金吧，他有没有资金？没有资金，那一切都是办不成啊。你再问问他，弟弟。"

我回道："暂无资金。"

是的，李学政说到了点子上：资金。

我的脑海里浮现出另一个人——严介和，淮安首富级别的风云人物。想起这个人是因为《新华日报》原主任记者修铁钢，修铁钢与严介和同乡，退休后好像回淮安帮他做事，有点幕僚的意思。时光倒推到六七年前，我在江苏省品牌学会与修铁钢结识，他的睿智和仁毅给我留下了很深的印象，一路走来，他在新闻宣传方面确实帮了我不少忙。

跟请朱鹏源牵线搭桥如出一辙，我向严介和发去了邀约，修铁钢自然是最合适不过的中间人。过了两天，严介和的意思反馈了过来，结果是不参与，理由是："他喜欢颠覆传统的逆向思维。"

2019 年盛夏，在我刚提出"山海英雄联盟"这个概念并正式创作《伏羲女娲》之际，我盘算着自己负责安心创作，然后把作品授权给有实力的合作伙伴进行商业运作，前期我收取一笔授权费，后期按约定比例分成。

以整个山海英雄联盟系列为项目，我把前期的授权费定为 600 万，后期的分成比例定为对半分，虽有贱卖之意，但仍不失为一个大胆的想法。撇开《哪吒之魔童降世》这种 50 多亿票房的爆款，一部剧情精彩、制作精良的动漫院线票房正常都能超过六个亿，所以，我按六个亿为基数，提取 1% 作为授权费，如果是连这笔授权费都掏不出却口口声声想干事且拍着胸脯感觉无所不能的人，那我无疑要打一个问号，倘若能掏出 600 万，贱卖就贱卖吧，钱总归是挣不完的，而一部电影的上映无形中会让很多人由此受益，比如就业和消费。

有别于之前我主动敲门，这一次当我公开表示有授权之意后没多久，南京夫子庙贵宾楼董事长缪剑突然打来了电话，邀我前去商讨具体合作事宜。

南京的夫子庙闻名遐迩，而夫子庙的贵宾楼，不说外地人，就当地人而言，恐无人不知。创业之初，南京大学哲学系一位老师曾带他来过一趟我工作室，相较于贵宾楼，我那时的工作室着实是寒舍，以致缪剑说了句："王老师，你到我那边办公吧，贵宾楼随你用。"他这句话说过两次，第二次是请他出镜拍个宣传片，我带拍摄的朋友前往贵宾楼，末了他又说了一次。他的诚挚显而易见，但我心领之余，并没有接受这份好意。南京大学哲学系那位老师私下对我说："好奇怪，缪总从不肯去别人的地盘，这次竟同意到你这边来了，还坐下来喝茶。"

缪剑人如其名，性情嶔崎磊落，不拖泥带水。论600万真金白银，他应该是有的，这个常人想都不敢想的项目就这么轻而易举地成了？我到了之后，他开门见山："我问一下身边几个朋友，看他们投多少，我也投一点。"临近中午，他特地设宴款待，席间表达了十五年后希望我帮他写一本传记的诉求。彼情彼景，我自然找不到拒绝的理由，更何况，他的事做得不小，倒还是个有故事的人，而且他竟连写传记的时间点都能脱口而出，想来也有意思。

后来过了段时间，我看缪剑那边迟迟没有动静，遂主动问一下事情的进展。他说一个做地产开发的朋友日子不如以前好过了，以前很容易就从银行贷到款，现在不行了，手头也紧了，另一个朋友说投钱进来还要再找导演、演员，麻烦，也不想投。照此话音，缪剑本人果然也终于没投。

紧随缪剑其后，另一位实力雄厚的商人曾剑征更是登门拜访，深入了解项目进展，倒巧，都带了一个"剑"字。

国内有一家知名的商业综合体品牌叫砂之船，曾剑征时任华东区总裁。2015年末，我托一位从事艺术设计的朋友帮我留意一下可有适合做工作室的地方，彼时我人虽在体制，但去意已决。那位朋友说巧得很，他正好有一处两百多平方米的空间闲置，可拱手相让，且分文不取，就是地理位置稍微偏了点。我细问之下，才得知那处闲置的空间在砂之船，因南京的砂之船2015年试营业，为吸聚人气，那处空间近乎为曾剑征白送。缘此，与曾剑征相识。

2019年国庆节到来之际，别墅区里彩旗飘飘，映衬着

绿水青山，格外醒目。那时候，"以后这套别墅跟你姓。"这句话早已诞生，我日常办公都在那套价值 3000 万的别墅里。

我把书房收拾干净，焚了炷香，静候贵客临门。曾剑征是历经商业实战之人，且从他当年赠送两百多平方米的空间给那位从事艺术设计的朋友这件事来看，他不失为一个有情怀的商人。事后回想，他最终没有参与到我这个项目中来，恐还与先他一步的缪剑干系重大。我在交流中提及缪剑对此感兴趣，记得期间他以"老爷子"呼之，但因缪剑方面还没落实，使得整个项目的商业架构多了份极强的不确定性。但不管怎样，与曾剑征的那次见面是愉快且受益的，他说："我们见证了太多品牌的成功和失败，你不需要什么都懂，你也不能过多操心商业，后期要不断让高手加入到你《山海经》这里面来，像马云的阿里巴巴，就一定能做出全球品牌。"

吃一堑长一智，我的思路愈加清晰，我要让旁人对我的商业架构及游戏规则一目了然。我决定正式组建一家影视公司，而不是授权合作伙伴继而再寻找第三方，此外，我摒弃了原先一刀切的收费及分成标准，转而采取更具弹性的股份认购策略。公司注册资本既定 1000 万，若依此前 600 万投入的话，那资方可占股 60%，但当我决定自己成立影视公司的那一瞬，我实际上已不再需要那 600 万，更不希望资方占股那么多，投 60 万跟 600 万本质上无差，我更看重的，是股东后续帮我撬动更大资金量的能力。

创作《伏羲女娲》之余，我把自己的商业思路连同整个《山海经》项目蓝图整理成了一份二十几页的文件，与这份文件同步而来的，是史无前例的全球疫情，这让原本就棘手的问题变得愈加扑朔迷离。

2020 年春节，因疫情的暴发，邻村之间都断绝了往来，男女老少平生头一回遇到春节无法拜年的情况，辞旧迎新的春节作为我们民族影响最大的传统佳节，这种情况在历史上恐也是破天荒的头一回。久居在家的那段日子，我正好心无旁骛地进行创作，但另一方面，我也暗暗蹙眉，当下，我的《山海经》项目将何去何从？再落实到脚前，我的影视公司该何去何从？

小事可以坐下来说个一二三，大事只能凭感觉。跟当年在生死攸关的节点上想到吴将莉一样，我一个人站在菜园子里，脑海里莫名浮现出一个人的身影，我感觉那个人

是对的人。

那个人叫刘健辉，山东人，从事电视剧投资制作近三十年，从《花非花》《雾非雾》《情非情》这个经典系列的名字不难看出她儒雅坚毅的性情。与其相识是在王耿于城南老书斋举办的一次雅集上，雅集结束已是正午时分，大家就近挑了家汤包店，她做东，那次我正好坐在她右手边，记得桌上有一大盆葡萄，每人用小碗分了一串，但很多人都不怎么吃，而我又偏偏喜欢吃水果，她在一旁似乎察觉到了我的心思，起身把桌上所有葡萄都摆到了我跟前，这真是让我回味至今的一件事。临分别时，我忍不住夸了她一句："你身上有一股很难得的傲气，这在社会上已经很少见了。"傲骨是很容易做到的，与世隔绝独善其身就是傲骨，这里所谓"很难得的傲气"不仅有傲骨之意，更包含了一种张弛有度的社会融入性，这种融入性并不会因为社会黑白而浸染自己的底色。她的回答同样让我记忆犹新，她颔首微笑："嗯。"

后来我发现她经常在网上跟我互动，且时不时转发我写的文章，但我当时对她的了解仅止于——她叫刘健辉或刘建辉，女，在部队当过播音主持，转业后拍了部叫《花非花》的电视剧。我有随身带一本个人著作的习惯,彼时《大荒青衣》已出版发行,她是雅集当日提前到场的第二个人,索性签赠予她,问及"健"或"建"时,她说都行。

为成立影视公司一事莫名想到她,她身上"很难得的傲气"起到了决定性的作用。我把那份二十几页的文件发了过去,没一会儿,她问我:"你在南京吗?"我说:"目前在老家,写书,等政府通知解除禁令回宁。"她回复:"咱们保持联系,祝福平安!"过了两三个小时,她又追了句:"王楼好!现在单独谈一个项目会有困难,但如果是两个以上项目会容易谈,我有一个初步的想法,等你回来我们细聊聊。"这是彼此 2020 年 2 月 17 日的一次对话。

转眼春暖花开,2020 年 4 月 3 日,刘健辉突然问我:"还没有回南京吗?"我回道:"暂定四月中旬回宁,准备清明后跟刘老师打招呼的。"心有灵犀真是个奇妙的词,我确实打算过了清明先跟刘健辉打个招呼,毕竟感觉在老家待得太久了,而她竟在同样的节点发来信息。从她主动问我,再结合此前她给我的印象,我能感觉得出,她是个办事极其稳妥的人,而且,她深度认可我的《山海经》项目。

四月中旬,我返回南京并第一时间告知刘健辉,她应邀前来且一如既往地守时。我去迎她的路上，她说："本来我是对王耿感兴趣的，后来不知道为什么，对你却越来越感兴趣。"我后来得知，看起来至多五十岁的她竟比王耿还年长一岁，更让我惊讶的是，她还是陈玉生的儿媳，再一回想，难怪，一起手就能联合中央电视台拍摄电视剧，这绝非常人所能为。

那天见面，她跟我分享了"两个以上项目"的计划，其中一个项目自然是我的山海英雄联盟系列，另一个项目，是她的一部电视剧《梦非梦》。《梦非梦》早已摄制完毕，本该如期上映，但遇到了行业里所谓的天灾一直无法上映。后因这部戏上映逾期再逾期，以致她官司缠身成了失信被执行人。她指着手机轻描淡写地说："现在很多人都在告我，但是没关系，上映了，他们不就没话了嘛。"接下来她有两个选择，一是把这块烫手的山芋扔给别人，二是抠换掉导致无法上映的镜头，不管是哪个选择，她都要搞一笔数额不菲的钱回来。她的计划是，从她到手的那笔钱里挪几百万给我，然后一起成立影视公司。她说了两句让我动容异常的话，第一句是："你要拿钱退居幕后。"第二句是："无论如何，我都会把你推上去的。"我觉得，她很懂我。

　　或因疫情之故，她自己的事处理起来艰难异常，记得有一次她竟亲自驱车从南京前往广州，所以，我也不好意思催问。但我知道，成立影视公司的事不能再拖了，因为当你觉得万事俱备的时候，世界已经不需要你了。

　　继刘健辉之后，我应世说新语影业董事长喻鹏驰之邀去他玄武湖畔的公司做客。在老家创作《伏羲女娲》的那段时间，喻鹏驰从网上联系到我，说对《山海经》神话题材非常感兴趣，希望买一本我的书看一下，后续再寻求进一步合作的可能。我没有让他买，而是直接先行寄送了一本。喻这个姓很少，以工笔花鸟画见长的喻继高在南京颇负盛名，此前我就在想，喻鹏驰是喻继高家里什么人吗？果不其然，他的公司书香气四溢，一问之下得知，喻继高原是他大伯。我把自己要成立影视公司的想法跟他交流了一下，他当即表态愿意加入并认购10%的股份，也就是说，他要真金白银掏出100万，但他随后表示手头有一部网络电影的几百万票房还没到账，一下子掏不出这么多钱。我说可以折中处理，100万认购费，先交30%定金也行，也就是30万。他的回答含糊其词，大意是跟他公司另一位负责人再商量一下。我知道，这件事大抵可以结束了，问题不在于喻鹏驰能不能掏出 30 万，而在于，他已经不是我心仪的人选。当然了，这并不影响彼此的私人情谊，他买过我不少书，并热心地帮我跟重庆蚩尤九黎城牵线搭桥。

以作者和读者的身份来划分的话，中缅经济合作发展促进会创始会长李福泉算是我的一位忠实读者。李福泉曾对我说过一段话："年轻有为有深度！您的作品我几乎都看过，不媚不俗！值得尊重，一直保持！"他豪爽而不失精干的特性让我很愿意坐下来跟他开怀畅饮，他确实是一个值得交的朋友。在成立影视公司这件事上，他表现出了浓厚的兴趣，并坦言："如果不是因为疫情，我们促进会内部就可以投了，几百万也不是什么事。"他的这句话应该不假，所谓人以群分，就我知道的，他身边有一位企业家作为促进会负责人之一，最近几年捐款就高达好几千万，仅 2021 年首届中国人民警察节，那位企业家一下子就捐赠了 200 万现金。考虑到更长远的《山海经》项目在国际文化交流方面的可能，我觉得李福泉很适合参与进来。他慎重考虑了一下，决定认购 5% 的股份。我跟他收取了一块钱定金，并让他附上"一元初始，万象更新"的字样，等他现金流缓过来再把 499999 元补齐不迟。他知道，我真正想要的不是那个 50 万，而是他撬动《伏羲女娲》动漫院线一个亿体量资金的可能，这是彼此合作的大前提。

李福泉确定参与进来之后，我突然想起一位故人——吴将莉。从 2017 年秋天至今，我始终没能偿还她的 16 万借款，不仅没能偿还，中途又跟她借了 6 万，我寻思着，索性让她以此入股正式参与到我的《山海经》项目里来吧。我说："《山海经》项目最终会走到教育这一环，兮兮学的又是教育专业，很搭，你要不要入股凑个整先替她代持？"她听完觉得很有意思，出于对女儿兮兮的尊重，她说想听听当事人的意见。按 1000 万注册资本，吴将莉此前的 22 万占股 2.2%，我嫌这个零头日后算账麻烦，所以让她"凑个整"占股 2.5% 或 3%，由此，她必须再追缴一笔费用。吴将莉和她女儿商量过后，首先表示同意，其次追缴 4 万，合计 26 万，三笔款项末尾都是 6，吉利，并希望占股 3%，因为前两笔借款有天使投资的性质，末了，她还提到了兮兮的一句话："王楼哥哥又缺钱啦？"彼时我正赤脚在荷塘里摘莲蓬，闻之差点笑岔气，赶忙用竹篙拄住河泥。有别于李福泉，吴将莉是我的救命恩人，在公司的未来经营方面，她有资格坐享其成。

　　2020 年 9 月 7 日，山海经行影业正式注册成立。关于这家影视公司，我简单说两点，一是公司的名字，二是公司的注册地。山海经行，显而易见，与《山海经》息息相关，《山海经》之"经"如竖亥用脚丈量东西南北的距离，有"经行"之意，由此命名。至于为何注册在南京，而不是其他看起来更适宜的城市，如前所述，"《山海经》项目最终会走到教育这一环"，这是一个关乎每个省会的项目，而南京是江苏的省会，且是我求学至今再熟悉不过的一座城市，届时我必须要在南京做出一个教育样板以供别的省会参考。

　　山海经行影业成立以后，下一步则愈加明确，即为《伏羲女娲》动漫院线融资一个亿。《伏羲女娲》动漫院线的实际制作及宣发成本应该不止一个亿，一个亿只是一种形象的说辞，不管多少，它对我都是一次巨大的考验，我要为这一个亿找到直接或间接的投资人。

　　一块钱的买卖，交易双方能来回拉锯许久，而一个亿的买卖，真是好做得很。从山海经行影业 2020 年 9 月初成立，截至此时此刻，近一年的时间里，只有三个人敢接这话，其余大把的时间，真是鬼都不来找我。

　　第一个人是罗霄山，此人系刘健辉引荐。《逆风追风》

一书于 2020 年 9 月中旬全国面世，我问刘健辉："书是当面取还是寄送？"答曰："这两天北京来人，还要去苏南，回来后再和你联系。"言下之意是当面取。过了大半个月，她发来信息，让我下午三点半左右到广州路的古南都饭店。我带着一本签了名的书和一本未拆封的书就过去了，到的时候，她正在跟一位颇具威仪的中年男子闲聊，经介绍方才得知，那人是一个拍摄禁毒题材的影视制片人。刘健辉在介绍我及《山海经》项目时，说了句石破天惊的话："王楼是一个能成大事的人！"历史总是惊人地相似，她说出这句话的那一瞬，一旁的我暗自惊诧，时隔十多年，她是第二个说出这句话的人。刘健辉表示自己愿意认购山海经行影业股份之时，罗霄山赶忙插了句："我也认购哎。"论辈分，罗霄山长我一辈，而刘健辉又长罗霄山一辈，能感觉得出，罗霄山对刘健辉自始至终都充满了发自心底的敬意。趁罗霄山去洗手间的间隙，刘健辉偷偷问我："他认购，收费标准是什么？"山海经行影业进行股东变更是既定之事，但新股东进来，肯定不能按账面上一个点 10 万元折算，不然对原始股东不公平，我想了想，说："那就 30 万一个点吧。"临分别之际，罗霄山拍了拍我的肩膀道："小伙子，你可以的！"刘健辉回头补了句："有钱的话，你就多认购点。"那天是罗霄山做东，刘健辉给她先生打了通短而又短的电话："我跟罗霄山和王楼在一起，今晚就不回去吃饭了。"这个细节能判断出很多信息，就针对罗霄山来说，他在刘健辉眼里是个人物，且跟刘健辉家里关系不错。过了些日子，我看罗霄山那边锅不动瓢不响，便问刘健辉进展如何。"他们要董事会研究，这样的大事，不要催他。"刘健辉随后回了句跟当年那位副厅长何其相似的话，"属于你的跑不了，缘到事满。"

第二个人是沈伟华，此人系读者。一年前，沈伟华在网上关注到我，并随后买了我一本书。我对沈伟华几乎没有了解，只知他人在上海，平日里好像喜欢看书画展，给我的印象是一位乐观豁达的"小胖子"——"小胖子"是他的网名。直至2021年1月14日，一位朋友请我吃晚饭，席间突然收到他的信息："王老师，一个亿我们怎么投呢？"我暗自思忖，沈伟华是谁？他是做什么的？多么神奇的一个人！我问他是不是发错了，他又回了条："王老师你好！我们如果要参与的话，怎么操作呢？"第二天上午，我在电话里跟沈伟华进行了深入沟通，但基本上都是我在介绍自己这边的情况，竟忘了问他那边到底是什么情况，只记得他说是一个懂行的朋友让他投资动漫电影，说未来这一块值得玩，末了，他说过几天会专程来南京拜访我。因年关将近，各地疫情防控措施加紧，2021 年 1 月 21 日，我看沈伟华没有动静，就主动问一下他的意思。他说他济南的一家公司出了点状况，账上好多钱被冻结了，但同时他又表态："王老师，我这个尽快处理好，反正我一希望我进来，二我喜欢你的处世风格。谢谢王老师理解啊。"他把话说到了这个份上，我自然不便再多说什么。

第三个人是蒋晓冬，此人系我徒弟母亲结缘。2020 年末，我徒弟母亲突然告知我她在深圳结识了一位非常有实力的企业家，卖药的，对我及《山海经》项目非常着迷。此人名叫蒋晓冬，岳阳新华达制药投资人之一，对以《道德经》为代表的经典近乎痴迷。蒋晓冬的开场白是："王楼老师好，认识您很高兴，一切皆是天道在运行，期待与您产生更深联结！"习惯使然，我把《山海经》项目的文件发了过去。他说："我已经在网上购买了您的两部著作准备拜读，加上家里有一本两年前买的《山海经》，三本书抓紧看完一遍，尽快接上您的频率。"2021 年 1 月 2 日，元旦刚过，新年新戬，我给蒋晓冬发去了入股邀约，希望他加入山海经行影业，彼时的认购标准上调为 50 万一个点，超过 5 个点的话，多出来的部分一个点 80 万。他的回答很有意思："轻诺必寡信！我还没有了解您及《山海经》等情况，我不会完全为了利益多寡，在情况不清楚的时候做决定，只能说暂时不便答复你，但不影响你去做决定。"他随后表示，年后找机会见面。2021 年 4 月 15 日晚，蒋晓冬说到南京出差，明天去徐州。我说随时可约，一切顺利。4 月 17 日上午，他发来信息说昨晚已赶回南京，下午要去合肥，上午想见见我。我带蒋晓冬去了后山，在一座亭子里相对而坐，两个多小时的对话让人倏然忘世，若非憋尿，彼此恐还能继续坐下去。作为商人，他看得很透，并坦言，若直接投资，他刚刚投了一个农业的项目，一下子掏不出一个亿，若间接投资，以山海经行影业股东的身份进来，可以考虑，且再次用了"轻诺必寡信"一句。有一点很巧，就是他过年期间曾把读书的照片连同家里的地址一并发给了我，我当时隐隐觉得那个地址好眼熟，原来他不仅是江西南昌人，而且就住在百花洲文艺出版社隔壁。"你的书竟然都是在我家门口出版的，而且我还查了书上那个吴将莉，她是九江人，我老婆也是九江人。"他在见面时笑着提及此事。那次见面，我对蒋晓冬是认可的。我请他在附近一家馄饨店吃了顿便饭，他突然说道："你在做的事是一件伟大的事，你不要着急，就像这个馄饨，可能要到第八个才能吃饱，但不能因为前面七个没吃饱，就觉得它们没用。"我忍俊不禁。送他去路口上车时，他说："早上起床我有两个打算，一是去中山陵，二是来见你，我听从了内心的决定，来见你。"就此别过。

　　希望并坚信有一天，山海英雄联盟系列终会带着华夏民族无可比拟的韧性和温度登陆全球荧屏，如果它能艳惊四座的话，请不要惊讶，因为，故事里外都精彩！

# 第十八折　月亮之上有棵树

中秋节前的某天，日落时分，爱人陪我去后山散步，折回的路上，抬望眼，冰镜似的一轮皓月已然当空，深得日月同辉之趣。据《山海经》记载，天帝之妻羲和生育有10个太阳，另一位妻子常羲生育有12个月亮，这真是个惹人遐思的烂漫想象。

爱人的名字恰好带"月"，话题自然与此相关。

走着走着，她突然很认真地问我："我奶奶以前说，月亮上面有棵树，你说是不是真的啊？"她的这一股孩子气，倒真把我问了个措手不及。

不禁想起好几年前，那一天风雨飘摇，我的小徒弟董万颖突然问天上为什么会下雨，这可真是难倒她的父母了，难不成要很认真地告诉刚读幼儿园的小孩子地上的水受热蒸发变成水蒸气升空继而遇冷变回液态受重力吸引降落？显然，她的父母束手无策，遂把这个问题撂给了一旁的我。我转念一想，反问董万颖："你猜，老天爷是刚跑完步挥汗如雨呢？还是他母亲讲了个笑话让他笑得眼泪都出来了？还是被同学欺负受委屈哭了？还是看别人吃零食馋得流口水了？不过他也有可能在跟同学吵架吐口水呢，或者正在撒尿呢，这点你可别学啊！"董万颖听得开怀大笑、心满意足。这件事恐是我后来能收董万豪、董万颖为终身弟子的根本原因，她父母至今都会念叨这段神奇的对话。

都说人活一口气，就人的一生而言，我听过孩子气和少年气，好像再没听过什么中年气和老年气，足见气之神奇，以及孩子气和少年气之宝贵。

某个孤独而沉默的夜晚，我曾写过一首《少年气》。

**少年气**

那一股少年气

曾让我遍体鳞伤

也让我举世瞩目

我回到故土

望着家园落日

潸然泪下

　　少年气的宝贵之处在于，对一个人，对一件事，我们总会一厢情愿并不计回报地全身心投入。莫名想起《伏羲女娲》第六卷里一个应景的"好"字，摘抄部分，以解心头隐隐挥之不去的厚重与悲壮之感。

　　伏羲扭头看着上古巧匠佝退了出去，再回首，黄帝已从八方阵法图上走了下来，正站在自己跟前。

　　"你就是伏羲？"黄帝笑问道。

　　"嗯。"伏羲应声点头。

　　"为轩辕箭而来吧？"黄帝踱步走至一侧，伸手拽出一片影像，影像上九个红点扩出阵阵涟漪。

　　"九丘？"伏羲移步近前，一眼便认出了这是九丘的影像。

　　"以家为家，以乡为乡，以国为国，以天下为天下。"黄帝情不自禁地叹道，"你还没回答我的问题呢。"

"是，正为轩辕箭而来。"伏羲望着血拼的九丘影像，暗暗攥紧了拳头。

"那你可知，轩辕箭乃上古巧匠倕为寡人设计的巅峰之作，一旦射出，世上便再无轩辕箭？"黄帝扭头瞥了伏羲一眼。

"如何才能得箭？"伏羲不依不饶问道。

"你要拿东西换。"黄帝又踱步至八方阵法图上，转身望着不远处的伏羲。

"我什么都没带，除了这条命，待九丘尘埃落定，随时奉上。"伏羲咬紧牙关，目光坚定地望着黄帝。

黄帝突然仰天大笑，笑声在屋子里回荡许久，过了好一会儿，才开口道："想要你命的大有人在，能要你命的也大有人在，这个我不稀罕。"

"那你想要什么？"伏羲追问道。

"我要你一句话。"黄帝轻轻笑了一下。

"什么话？"伏羲一头雾水。

"你只要回答'好'或者'不好'就可以了。"黄帝言罢背向伏羲，屋子里好一阵沉默，许久，才听闻黄帝开口道，"万物发展有三个方向，一个是向前，一个是退后，一个是原地踏步。我希望这个世界因为有你的存在而有哪怕那么一点点不一样，我指的是向前。"黄帝随后转身，望着眼前这位干净而倔强的少年。

伏羲并未立刻作答，而是兀自出神许久，他从没见过传说中的黄帝，更没遇到过这种交易。终于，听得伏羲口中蹦出了一个坚定异常的字："好！"

话音未落，单一个"好"字便似一把钥匙，打开了伏羲和黄帝中间的一扇门，空气中赫然浮现出一支金光夺目的利箭，一动不动地横在伏羲和黄帝的眼前。

"好！"黄帝大笑，伸手一抹，原本横躺着的这支轩辕箭瞬间翻身，箭镞朝天，且一分为九依次排开，皆金光闪闪，"此箭便是轩辕箭，乃世间至阳之物，取九州山海精华淬炼，合九为一，一旦射出，攻无不破。你或有耳闻。"

"嗯。"伏羲忍不住上前，仔细打量着传说中的轩辕箭，伸手触摸到其中一支轩辕箭的瞬间，其他八支轩辕箭似感应到什么，眨眼之间便合为一体，置身于伏羲掌间。

黄帝伸手朝璀璨星辰里一抓，星辰中远近交织的几颗星熠熠生辉，一把同样耀眼夺目的金弓似从天幕上剥离，由远及近飞来，稳稳地落在黄帝手中。"大德大贤之人方能驾驭轩辕箭，连同这把金弓，你都带回去吧，搁我这里与废铜烂铁无异。"黄帝转身将手中的金弓递给伏羲。

伏羲小心翼翼地接过，仔仔细细地打量，忽闻对面传来一句他再熟悉不过的话："记得年轻而勇敢！"

"师傅？"伏羲猛然抬头，只见和蔼可亲的雷神正手执龙头拄杖站在八方阵法图上冲着自己微笑，再一眨眼，八方阵法图上空无一人，原来是幻觉，黄帝也不知何时去向何方。伏羲一手持弓，一手持箭，他有点不敢相信，这一切真实得像一个梦。

如雷神所言，很多时候，梦的确是最真的现实。

浮生若梦，爱人千里迢迢奔我而来，在我物质上近乎一无所有的时候，她始终无怨无悔地跟随并选择无限相信，她的这一股少年气，温存了我大把大把苦闷的时光，也让我在《山海经》项目的坚持和努力上多了重别样的意义。我不止一次在心底默默感谢上苍，感谢上苍的厚爱与慷慨，

原来，一切坚守都是值得的。

问题没有对错，且问题永远都在。譬如"月亮之上是不是有棵树"，抑或"天上为什么会下雨"，我们如何看待这些问题，无形中勾勒出了自己的心境。

忍俊不禁之余，我顺手指向路旁的一棵桂花树："对啊，月亮上面确实有棵树，以前我也听村里人说，是一棵很大很大的桂花树……"后山种了不少丹桂，听到我们的对话，怕是都要笑开了花。

# 第十九折　恩师的猕猴桃

　　人情跟年味一样，变得似乎越来越淡了。我们从不曾如此困惑，我们从不曾如此怀念，我们从不曾如此向往。

　　疫情之故，这个世界乱了阵脚，但也让我们更加深入地思考孰轻孰重，以及何去何从。深居简出的日子里，我对《周易》一书入了迷。司马迁说："文王拘而演周易。"司马迁此句说的便是周朝的奠基者周文王被商纣王囚禁于羑里继而推演八卦之事。我的案头恰有一本《周易》，但跟很多书一样，我始终不曾认真地翻阅过，直至有那么一瞬，情不知所起，我突然很好奇周文王在那些苦闷的时光里到底在思考些什么，缘此，我决定尝试着走进他的世界。

　　以经典为师，以圣贤为师，真是很有意思的一件事。

而现实里的一位恩师做出的一个举动，让我每每念及，思绪或心潮便如那加热的水咕嘟嘟涌起，这份情谊永生难忘。

2021年9月30日晚上，恩师老仲突然打来电话问我国庆假期回去否，我说不回，他说老家门前种的猕猴桃熟了，夫人亲手摘的，准备寄一箱给我尝尝。

挂完电话，望着窗外正浓的夜色，我百感交集。

这一晃，时光已过去十多年。老仲原名仲崇纪，是我高三班主任，教数学，大家私底下都亲切地以老仲呼之。求学生涯里，就属老仲跟我关系最亲了，颇有汪曾祺笔下"父子多年成兄弟"的意思。

高三下半学期第一星期的升旗手，老仲推荐了我。所谓升旗手，就是周一清晨当着全校师生的面升国旗。在此之前和在此之后，主持人在介绍登台的少年时，他们的座右铭基本都是"天行健，君子以自强不息；地势坤，君子以厚德载物"那种感觉，独独我那一次，主持人说："站在中间的升旗手是来自高三（7）班的王楼，他的座右铭是，'我就是一个奇迹！'"在县中读书的三年里，那是我唯一一次听见台下的笑声此起彼伏。

那一年，老仲把仅有的扬州市三好学生的申报名额也给了我。在学生时代，评这类奖项，说是品学兼优，实际上拼的就是成绩，不过话又说回来，那时候起早贪黑，谁又有闲情去干出格乃至违纪违法的事呢？

高考前的第一次模拟考试，包括扬州、南通在内的几个市联考，试题难度有点大。分数出来时，虽说我是班级第一，但比平时的分数少了一截，心底免不了泛出阵阵隐隐的担忧。这种担忧是不可避免的，家里几代人都是农民，而读书是我唯一的出路，尽管我并不知道考上一所好大学之后到底要做什么。说来也巧，那天中午放学，老仲突然从后面赶上来拍了我一下："这次考得不错，全校第五。""这个分数，竟然位列全校第五？！"我暗自思忖，也暗自欣喜，因为按县中这个排名看，我高考无疑胜券在握，原本莫名的思绪由此骤然烟消云散。

可是，世事常与愿相违，在正式到来的高考中，就我自己和身边人的预期而言，我算是栽了个不大不小的跟头，心情也随之跌到了谷底。返校去老仲的办公室拿材料，我至今都记得老仲欲言又止的神情，他轻轻叹的那一口气很微妙，或是他恰巧呼出那一口气，但我却始终觉得那一口气与我不无关系。我沉默以对，自觉有愧。

读大学期间，我跟老仲一直保持交流。在我毕业后去翔宇教育集团温州新校区任职之前，老仲饶有兴致地跟我讲了很久，包括他以前的一个同事后来当上了集团的副总校长之事。那时候，我跟老仲又具备了理论上的同事关系。

2016 年初，我一咬牙一跺脚离职创业，如今回想连自己都要倒吸一口凉气，用稀里糊涂来形容当时的心境并不为过，说得好听一点叫初生牛犊不怕虎。那年暑假，老仲途经南京时特地来看望我，我口若悬河地讲了一通，实际上并不清楚自己将何以依凭，倒是老仲给我很好地概括了一下，大抵是先做出影响力，即出名。

写作是我打小的兴趣爱好，但真正践行还得从读大学算起，一路坎坷，一盘散沙，好在自己坚持了下来。我每出版一本书，都会惦念老仲。读书人，教书人，对书的感情自不必多言。

我的书陆续面世之际，老仲给我写过一纸情之殷殷的赠言，像极了当年课堂上耳提面命的那种感觉，多么久违而让人慰藉的一种感觉——

王楼是我记忆中的一粒珍珠，心的天幕上的一颗明星，作为 90 后的一名年轻人，他在这个物欲横流、信息爆炸、人心浮躁的时代能坚守自己的内心，潜心典籍，孜孜不倦，实在令人叹服！我以你为傲！

　　我与王楼有缘师生一年，一生为友！我时常想起当年你在学业上的专注、认真、自信……你那优秀的品性和卓越的才情给我留下了深刻的印象。有人说："人人都可以成为自己幸运的建筑师。"愿你在走向未来的道路上，用自己的双手和智慧建造幸运的王楼大厦！愿你以超群的智慧、坚强的意志、夸父的精神，迈着坚定的步伐，不断开拓，不断奋进，走向既定的目标吧！

　　老仲不止一次要请我喝酒，这次还寄猕猴桃，我难免在心底发笑，按理都是学生请老师，断无老师请学生的理儿。老仲曾说他教过的这么多学生里就记住了两人，其中一个就是我。

　　恩师的这份情谊让我受宠若惊，也让我备受鼓舞。尽管影视运作依然困难重重，但时过境迁，这里的"境迁"更多的当指自己"心境的变迁"，这种心境的变迁是悄然而巨大的，最直观的反映就是身边真正有交集的人越来越少，这让我有更多的时间进行系统的思考和创作。古语有云：
"穷则独善其身，达则兼济天下。""达"时如何"兼济天下"
是一门艺术，这需要在"穷"时就思考妥当了，否则"穷"
时还好，鬼都不来敲门倒也清静，"达"时定是前呼后拥鬼
神难辨，最后恐搅得都忘了自己是谁、从哪里来、要到哪
里去。

山海英雄联盟系列开山之作《伏羲女娲》2021 年 8 月
出版发行，我第一时间给老仲寄了本。他收到书之后给我
打了通电话，认可之余，勉励有加，并说以后在课堂上专
拿我做典型。

其实，我可能给恩师造成了一种假象，即成绩跟成就
呈正相关，实际上并非如此。就我看来，以数理化为基础
的科研领域大体遵循成绩与成就呈正相关的发展逻辑，至
于其他领域，完全不遵这一规律。所以，我的故事自始至
终都不可复制且不具备参考性，若说真要在我身上寻点参
考价值出来，那就是十年寒窗，板凳甘坐十年冷，课本之
外的这份持之以恒倒是我们每一个人该秉持的，这种美好
的精神品质在可爱的山海英雄们身上比比皆是。

　　"毕业那年，恩师寄语，说了句我永生难忘的话。"小和尚似乎在搜寻着那句话，"恩师说，如果这个世上有成功的话，那就是两个标准，一是找到一件你感兴趣还能养活你的事，二是找到一个你爱还爱你的人。"

　　我正打算把自己心底一直小心翼翼珍藏着的故事讲出来，但又倏忽间被小和尚刚说的那两句话迷住了，遂应声点头，把自己要分享的故事也搁浅了。

　　这是我在《逆风追风》一书里借小和尚之口说出的一段话，此处的"恩师"指的正是老仲，他当年赠我的那两句关于成功标准的论述，如今读来，依然迷人。以致后来的某年某天，我甚而跟老仲开玩笑道："你当年的那两句话，让我跪着爬完。"

## 第二十折　朱鹏源老师的酒

南京似乎没有秋天，连绵了几日的秋雨初歇，冷风一吹，便有了冬日的气息。朱鹏源老师的酒，在这个时候，来得刚刚好。

2021年10月16日，朱鹏源老师的中国新闻传媒集团迎来了五周年庆典，作为他的宝应老乡、南京师范大学学弟，以及同与文字打交道的人，我有幸受邀参加他的首场庆祝酒会。若论起来，我和朱鹏源老师不仅是大学校友，中学时代便同出县中之门，遂算得上颇有渊源。

上一次喝酒是在2021年初，一位宝应乡贤请客，朱鹏源老师顺带把我也拉了过去。彼时我已着手创作《山海点灯人》一书，席间我蹦出个想法，《山海点灯人》是一本回眸与展望之书，我想在第三方平台连载，一则督促自己进一步更好地创作，二则找寻一种久违的仪式感。我把这个想法跟一旁的朱鹏源老师交流了一下，他当即应允，于是才有了后来在中新传媒网的连载，出于舆论效应，连载的书名并非《山海点灯人》，而是挪用了书里的第二篇文章标题《王楼，你是一个干大事的人》。那一次，朱鹏源老师刚动了点手术，未能饮酒。临别之际，他突兀地说了句旁人可能压根听不懂的话："资金的事，你可以跟夏教授聊聊。"所谓"资金的事"，指的正是我平日里心心念念的《伏羲女娲》动漫院线融资之事。夏教授是朱鹏源老师的好友，在南京审计学院教书，我见过两次，当天也在。这真是个让人记忆犹新的道别方式。

朱鹏源老师的酒量好，酒品也好。昨天上午闲翻案头的那本《周易》，看到坤卦六二爻："直，方，大，不习，无不利。"古人言简意赅，给后人留下了无尽的想象空间，这里仅根据个人体会稍加直译："正直方正，广大，不败，没有不利的事。"将其用在朱鹏源老师身上，倒也应景，这是他当年给我的第一印象。

记得前年深秋，也是个雨天，朱鹏源老师突然喊我喝酒。我寻思着是不是有什么特别之事，到了之后，才听他道明原委："上次不是说节后请你喝酒嘛，这次正好。"呵，他真是个有心人。

酒是有度数的，人的善念也该是有分寸的，若一味地善良，而没有锋芒，那善良也就失去了本来的意义。朱鹏源老师这么些年与善恶是非打交道，心里的那一面镜子比谁都明着呢，虽说见过不少大世面，但他毫无架子，这让人很愿意去亲近。他请我喝过很多次酒，若非特殊情况，我从未拒绝。

说来有趣，中国新闻传媒集团五周年庆典酒会上，与我一桌的恰有一位南京师范大学校友，现为中国传媒大学教授，因朱鹏源老师这层关系，彼此交流时遂少了点隔阂，后来索性排起座次来。但见那位教授一手夹烟，一手指点道："鹏源最多算二师兄，我比他早，我是大师兄，你是三弟沙僧。"众人忍不住笑问："那师傅是谁？"

学高为师，德高为范。既同为南京师范大学校友，不妨就以校训"正德厚生，笃学敏行"为师吧。毕业那年，我曾以母校校训写过一首不成文的藏头诗，后转赠朱鹏源老师。摘记于此，共同缅怀同学少年：

正当风华茂，

德配天地间。

厚积宜薄发，

生生且不息。

笃志瞻前路，

学贯自心田。

敏内兼修外，

行思两相连。

时隔一天，朱鹏源老师的一位身为上市公司副总裁的朋友做东请喝酒，以弥补前天未能出席五周年庆典之憾。照旧，朱鹏源老师一并把我拉了过去，并特地叮嘱我带两本书给东道主。

"我对罗博士早有耳闻，印象里他出版了不少书。果然，我将去年出版的《逆风追风》和今年出版的《伏羲女娲》赠予他时，他赶忙出去取了两本在人民卫生出版社出版的《中国药酒精粹》和《活到天年的智慧》相赠。信手闲翻，不难看出，医学之外，他对篆刻、诗词等亦颇有研究，这跟他的书生气很是契合。'吾之故乡在川西洪雅，此地山高而林密，云蒸而霞蔚……吾乃有酒量而不喜饮之人，吾曾梦想忽一日也知饮酒之乐，则可举杯于泉边，豪饮于雪夜，微醺于月下，沉醉于山巅……'他在书里的表述真是字字由心、字字入心。"这是我第二天写的一篇随笔，罗博士对饮酒的这段描述尤其动人，因顾虑到涉及上市公司相关的内容不能随意发布，所以我本没打算写，但朱鹏源老师极力怂恿我写点什么，并说这对彼此的品牌以及我的影视项目融资有潜在帮助，末了听其大笑："有的人胆小如鼠、草木皆兵，我们光明正大。"

时间的脚步悄然移至岁末。回眸刚刚过去的一年，为了《伏羲女娲》动漫院线融资事宜，真可谓度日如年，撬动一个亿体量的资金非朝夕可成，但我必须夙夜惦念，个中苦乐，一言难尽。

关于朱鹏源老师，他本身达不到资方的要求，但我知道，他有撼动资方的可能。2021年11月21日上午，我把重新整理的《伏羲女娲》影视项目招商文案发给了他，并附上一段留言："朱老师上午好！有别于针对大资本的毫无感情色彩的山海经行影业股份认购，朱老师这边过滤的人，我去掉一个'0'，按60万一个点计价，招募一个股东即可，合作十年，书面协议另签，前提是该股东必须具备极大影响力继而能大概率撼动一个亿体量的资金，且认购股份不宜超过5%。若成，山海经行影业1%股份酬谢，还望朱老师惦念。"朱鹏源老师再次很热心地帮我去问了几个人，尽管最终没成，但我仍然很感激他。

对朱鹏源老师的感激不止一个层面，这与彼此极深的渊源不无关系。2021年11月29日，他发了篇文章，全文如下：

## 性格决定命运

这两天，李学政老兄在质疑某国字头协会的乱作为。

我认为，这是他多年前作为一支舆论监督记者队伍领军者的风格再现。

他身上没有傲气，但是依然一身傲骨，他不是个唯唯诺诺、没有原则的人。

性格决定命运。李主任、我、王楼，三人相差不止十岁，甚至二三十岁，但是毫不妨碍互相的认同和交往。

三人三性格，也决定了我们今日走了不同的路：

李老兄成了著名影视人，我成了资深维权媒体人，王楼成了知名青年作家。

喜欢权力的当了官员，喜欢财富的成了老板，喜欢出名的当了明星。

做自己喜欢的事情，各得其所就好。

朱鹏源老师这篇文章的配图是我、他，及李学政主任三人的百科简介。于我而言，确而言之，于《伏羲女娲》乃至整个山海英雄联盟系列影视而言，这是寓意深远的一个伏笔。

时间倒推一天，我看到李学政主任在网上公开质疑娱乐圈一大乱象，遂忍不住转发并评论道："印象里位高权重者很少发声，但我不止一次看到李学政主任针砭时弊并实名举报，实在可贵可敬，他的脾性竟似跟朱鹏源老师如出一辙，让我相信，未来我也会跟他成为真正要好的朋友。疫情是财富的大洗牌，尽管《伏羲女娲》动漫院线融资把我搞得够呛，但真正利国利民利天下的善念会在未来赢得一切。其实很多事我都不懂，真心希望在不久的将来能得到李学政主任的保驾护航。"

朱鹏源老师看到了我的评论，追评道："李总多年前在《中国报道》杂志、看中国网等单位，是我的领导。我们那时候做的都是全国舆论监督报道。做批评报道出身的人，一般都不畏邪恶，敢言敢干，只要有道理，从不怕对手是谁。"或是他觉得不尽兴，抑或新闻媒体人的习惯使然，才有了第二天《性格决定命运》那篇文章。但不管从哪个角度，我都能感觉得到朱鹏源老师的良苦用心，他已经不是第一次帮我跟李学政主任牵线搭桥。

2022新春伊始，我刚回南京，便收到了朱鹏源老师的盛情相邀，这一次，我心底里已猜到他请我喝酒的缘由大致有二：一、我在这本书里单独写了篇与他相关的文章，即此文，而此文本不在《山海点灯人》一书之列，系后来增补之作；二、他知悉我年前在老家买了套房，算是婚房，以后不可能再像在南京时这样随喊随到了。

到了朱鹏源老师那般年纪，他的朋友自然不少，他说回老家的话饭局更多，到时候一定请我，如果我这边喊他喝酒，不管是在大酒店，还是在路边的大排档，不管喝什么酒，他同样是随喊随到。他的率真让我动容异常。"那给我一瓶你的那个定制酒作为纪念吧。"临别时，我指着他手头拎着的两瓶白酒。他二话没说就让我拿了一瓶，自此别过。

今年是我笔耕不辍的第十二年，我在做的事似乎已无形中打破了时间、空间的限制，譬如我创作一本书，跟我在不在南京毫无关联，影视同理。更何况，平日里就算在南京，我一年到头接待或拜见的人也真是屈指可数。其实，南京作为《山海经》项目的发源地，我并不会真正离开，说到这里，还得感谢高铁的开通，从老家往返南京，比我从南京这个区到那个区还方便。

"在远方，所有的勇者都会相遇。"这是妹妹高考前夕我赠予她的一句话，实际上，这也是说给自己听的一句话。在崭新的一年及更加崭新的未来里，不管远方有多远，不管行路有多难，我一定会锲而不舍、全力以赴，不负朱鹏源老师等诸多师友的仁慈和厚望。

回想与朱鹏源老师相识的这么些年，他若未请我喝酒，我大把的时光基本上都是在后山度过的。某天在山野间有幸结识了一株草木，名唤木槿花，花语据说是"温柔的坚持"，我觉得很有诗意。

至于朱鹏源老师的酒，我觉得，历久弥香。

# 第二十一折　三块一毛三

以前听一位佛教信徒讲，每天捐赠一块钱，要比一年一次性捐赠三百六十五块钱福报大得多。我觉得他真正想表达的是：坚持的力量。

坚持是一个古老而美好的词汇，譬如治水的大禹、填海的精卫、逐日的夸父、移山的愚公，无一不是坚持的典型，与这种坚持朝夕相伴的，必是善念的力量，唯其如此，坚持方才显得光芒万丈，若说每天烧杀抢掠也算一种引以为豪的坚持，那实在是无稽之谈。

提到大禹，我倒想多写一点。

"洪水滔天。鲧窃帝之息壤以堙洪水，不待帝命。帝令祝融杀鲧于羽郊。鲧复生禹。帝乃命禹卒布土以定九州。"

这是《山海经》全书最末一段。

早在 2019 年盛夏之前，大禹治水、定九州的故事已初具雏形，我为此做了不少笔记，只因《大荒青衣》图书创作完成后，影视运作举步维艰，所以关于大禹其人其事的演绎暂时搁浅。彼时稿纸上的书名不叫《大禹》，而是《息壤》，即《山海经》全书最末一段提及的"息壤"，这是一种传说中能不断自我生长的土壤，大禹用得到。随着以《伏羲女娲》为开山之作的山海英雄联盟系列这一概念的确立和深化，《大禹》自然而然成了该系列第二部的合适之选。

从远古回到现实，在我身边动人的坚持里，小玄姐算是一位。

2021 年元旦伊始，她每天早晨都会给我发个三块一毛三的红包，以致这似乎成了我生活里不可分割的一部分。小玄姐说："我会一直发到《伏羲女娲》登陆全球院线。"

这不禁让我想起与《山海经》相关的一件事。《山海经》这本书跟很多经典一样，常读常新，我尝试过一种很有意思的读法，即每晚泡脚的时候随手翻看两页，并从中标记出一处叵耐玩味的地方跟身边人分享，可能是一头闻所未闻的神兽，或是一株让人耳目一新的草木，抑或一个造型奇特的人物，再比如一些特殊的仪式，或是神话渊薮之一例，凡此种种，皆信笔成文。不知不觉，以这种方式分享《山海经》已走过了一年，某天晚上，把书前后翻遍，每一页竟都被自己标记了一遍，这也意味着我用最笨的方式把《山海经》这块硬骨头又啃了一遍。那天晚上及之后的几天，身边陆续有人反馈说看不到我每晚更新的随笔有点不习惯。望着灯下被翻旧的那本《山海经》，我默然慨叹。不妨把身边人的这种感觉理解为怀念，其实我们有很多怀念的：怀念下雨天家里擀的饺子，怀念夕阳下外公烤的红薯，怀念那只说没就没的阿黄，怀念除夕夜能响一宿的烟火，怀念那个曾发誓要改变世界的最勇敢的自己……

故事仍回到小玄姐吧。2020 年初冬，我徒弟母亲说深圳有一位读者对我的书特别感兴趣，并把一本书从头至尾以音频的形式录制了一遍，而且过段时间打算专程来南京登门拜访。我只当是客气话，并未放在心上。但没过多久，当那位读者真的专程赶来时，我知道，素昧平生的两个人由此产生交集。小玄姐即我徒弟母亲说的那位读者。

茫茫人海，两个人能坐下来喝杯茶静享半天的安宁，着实是很雅致且奢侈的一件事。以《山海经》项目为轴，我在交流的过程中与其说是告知对方自己在做什么、做过什么、想做什么，倒不如说是无形中再一遍强化了自己心底的信念。记得那天下午，小玄姐突然放下手中的杯盏，插话道："听着听着，我有一种强烈的感觉，感觉你就像古代运筹帷幄的宰相，肩负着家国天下。"

我给萍水相逢的小玄姐留下的竟是如此印象？小玄姐的这个比方让我联想起一段往事。2018年元旦刚过，南京下了场久违的大雪，放晴后，我应邀前往广东惠阳。那是我平生第一次坐飞机出远门，候机厅巨大的落地玻璃窗跟影视里的一模一样，窗外正起的朝阳在残雪映衬下显得格外明媚。那一趟，拜《山海经》项目所赐，我正式接任《诗词月刊》南京工作站站长一职。同年6月中上旬，《诗词月刊》杂志社组织全国各地的工作站站长在湖南龙山举行诗词创作联谊会。在湖南龙山的那两天，与《诗词月刊》首任社长李书文老师的交流简而又简，但出人意料的是，李书文社长竟公开评了句："王楼大才！"这句与小玄姐异曲同工的话蹦出的那一瞬让我受宠若惊，于我真是莫大的鼓励和鞭策，要知道，我跟李书文社长同样只是萍水相逢。

小玄姐跟我徒弟母亲年龄相仿，长我许多，很会照顾人，从南京回深圳后又特地寄送了好些稀奇古怪的玩意给我。想来也有意思，她回深圳那晚，我陪她在一家面馆吃了顿晚饭算是送别，去机场的时间本来绰绰有余，但第二天日上三竿我才收到她报平安的信息，原是她昨晚在地铁上犯困睡着了耽误了登机。这一梦，南京恐成了金陵。

那一趟，我徒弟母亲喊上董万颖和我，陪小玄姐去了趟鸡鸣寺。那天多云，昨天夜里似乎还飘了点小雨，地上有点湿漉漉的，没一会儿，太阳突然破云而出。小玄姐说这是个好兆头，我的《伏羲女娲》影视项目定如太阳般突围，但到时候包括她在内的一干人等，将会显得黯淡无光。真是个有意思而多情的女子，我在心底暗想。千百年前，在脚下这片同样的土地上，东晋政权的缔造者司马睿登基时力邀重臣王导同登御座，王导大惊失色之余说出了一句掷地有声的话："若太阳下同万物，苍生何由仰照？"这是我莫名想起的一个典故。

鸡鸣寺不大，但香火旺盛，人头攒动间，我牵着董万颖在后面漫无目的地跟着，忽见小玄姐双手合十走至我们跟前，神神秘秘地问掌间是何物。董万颖猜了几样，始终没猜对。我随口说道："叶子。"小玄姐竟情不自禁地蹦起来上前相拥，开心得像个孩子，并问我如何得知。我忍俊不禁，这个时节，除了落叶最多，别无其他。她把掌间的那片银杏叶小心翼翼地收好，说是带回去当书签。

2020 年 12 月 30 日，我不知何故自嘲道："为了《伏

羲女娲》一个亿，王总恨不得把一块钱掰成三块钱用。"小玄姐评论说："从 2021 年第一天开始，你每天自然会有三块钱用，不用掰了。"我以为这纯粹是彼此的玩笑话，不承想，从元旦当天开始，她竟然每天早晨都给我发来三块一毛三的红包，风雨无阻，遇到特殊的日子，还会备注一句暖心的问候。我很好奇三块钱后面为何还缀了个零头，答曰："3.13 这个数字吉利。"

从苦来，向甘去。我跟小玄姐讲过自己的梦想，小玄姐也跟我讲过她的梦想，让我记忆犹新的是，她说等真正实现了财富自由，她打算给村里修一条宽宽的路。这真是质朴到让人沉默的一个梦想。

春有百花秋有月，夏有凉风冬有雪。《伏羲女娲》登陆全球院线似乎还有很长的一段路要走，好在有小玄姐这样的人同行，旅途虽坎坷，但风景尚佳。犹记得小玄姐说："我们陪着你呢，你就只做（《山海经》项目）这件事情。"于此，希望所有的善念都能延续，也希望所有的梦想都能成真，更希望我们每一个人都能走上一条宽宽的康庄大道。

# 第二十二折　阿敏的预言

　　王健林在饭局上对鲁豫一本正经地说一个亿小目标时，我的《山海经》项目已初具雏形。一路坎坷，直至山海英雄联盟系列图书、影视正式成型，再回首，我惊讶地发现，按当下动漫院线的行情，作为山海英雄联盟系列开山之作的《伏羲女娲》成本预算正好是：一个亿"小目标"。

　　天欲福人，必先以微祸儆之。一个亿"小目标"对我这个阶段来说，明显是泰山压顶，但十多年写书坐冷板凳的经验告诉我，这是对我的一番考验，山海英雄联盟系列既然想登顶，山海经行影业既然想睥睨群雄，那就必须历经一番常人难以想象的考验。

　　如何融到一个亿"小目标"确实是一道很酷的考题，更何况还在疫情哀鸿遍野的大环境下，虽说现在暂时还没融到，但一定会融到的，而且直觉告诉我不会等太久。

　　一场仗，有很多种打法，但不管怎么打，最关键的还是"先为不可胜"。多年后回想起来，这着实堪称年少时那一场经典之战。

　　说来可笑，且近乎匪夷所思，上面这篇短文是我2020年冬日所写，每天傍晚，我都会在朋友圈转发一遍。截至此时此刻，一个亿"小目标"依然没有着落，也就是说，这篇短文我已经不知不觉转发了一年半样子。

　　在《伏羲女娲》影视融资这件事上，一方面，我一头雾水，但另一方面，我又非常确信自己能够跨越这一道天堑，这种感觉，或者说，这种力量，很神奇。或是当局者迷，旁观者清。2021年11月27日，蒋晓冬老师借美国喜剧演员乔治·伯恩斯名言发了条动态："宁愿失败地做你喜爱的事情，也不要成功地做你讨厌的事情。"这句话本不稀奇，稀奇的是，他用了同年四月中旬我与他在后山合影的照片配图。更稀奇的是，没过几天，他在我的一个亿"小目标"下面评论："一定会实现的，我比你更坚信！"

我的这份坚信可视为一种理所应当的动力，姑且不论。蒋晓冬老师的这份坚信可视为一种历经大量商业运作和人情冷暖后的直觉，同样姑且不论。我这里想分享的，是一份来自阿敏的难能可贵的坚信。

2021年9月30日，阿敏转载了我那篇关于山海英雄联盟系列开山之作《伏羲女娲》影视融资的文章，并说："在南京的六年来，我碰到过三个跟我说要拍电影的人，每一个人我都仔细了解过他们过往的经历、现状与对未来的规划。昨晚看到《伏羲女娲》的第五卷，我觉得王楼这个目标是可以实现的。"

据说女性的第六感很准，阿敏如此笃定，坚信我是能实现拍电影这个目标的人。我忍不住好奇，我身上到底是哪一点让她做出如此预判？《伏羲女娲》第五卷《夺印：轩辕一箭真名世》又到底是哪一幕、哪一句打动了她？我没有去追问她。很多时候，留白反为美。

阿敏喜书，长我几岁，毕业于安徽师范大学文学院。在涉猎古今中外的经典这件事上，我对她钦佩有加，她脱口而出的一些诗篇、作家、典籍让我倍感新鲜并至今记忆犹新。更让我印象深刻的，是她骨子里的质朴与真诚。

我的书虽不能与古今中外的经典比肩，但至少无伤大雅，所以我总会第一时间寄书给阿敏这位相识多年的朋友，因为我觉得她更懂得欣赏。

前天晚上，阿敏写好了一篇《伏羲女娲》读后感，再之前一点，她说已经写了五百多字，但仍觉不够，要多写一些字。她的自律以及她对我所赠之书的重视显而易见。

我把阿敏的文章一字不落摘记于此，日后回想起来，都是故事：

### 江湖难测，谁是强者，谁争一统三界的资格？
——评王楼新作《伏羲女娲》

《伏羲女娲》是王楼独自创作的第三本小说了。在今年八月份，经由百花洲文艺出版社出版，这本书标志着王楼精心策划的山海英雄联盟耀世登场。

《山海经》是一座富矿，书里面记载了大量上古时期的神话传说和地理风物，各种有神奇药效的仙草和半人半兽的动物尤其引发人的好奇心。《山海经》一书，我在童年的时候就读过，对大禹治水的故事印象颇深，随着读书量的日益增多，就把这本书搁下了，更谈不上深入书中挖矿。2017年的夏天结识王楼，他从南艺后街水木秦淮的二楼缓缓下楼，扬言要从中掘出一个亿，我顿时对他说的话感到震惊：一个亿对于每日哼哧哼哧上班搬砖的我来说，简直是天文数字。但王楼的架势让人觉得他绝非只是随口谈谈。我走在他后面，一边叹服这小子的口气，一边想看他到底如何弄出一个亿来。

2019年4月，《大荒青衣》出版，这本根植于《山海经》的神话故事新编是王楼对《山海经》项目兑现的诺言，也是他挖掘一个亿的第一步，总之，这第一步是迈出来了。这本书有趣、好读，在提前看过一遍《山海经》后，我很轻松地读完了，几乎没遇到什么阅读障碍。

今年9月份，收到新书后，王楼说希望我能给《伏羲女娲》写一篇书评，我一口答应下来，想这有什么难的。然而在读过一个章节之后，我却慢慢变得不淡定了。这本书一改前面两本书（《大荒青衣》《逆风追风》）

的风格，变得复杂了。

《伏羲女娲》以山海印为线索，多个神话、人物故事穿插讲述。此书涵盖"伏羲结网捕鱼、女娲造人、刑天与帝争位、共工怒触不周山、女娲补天"等上古时期的神话传说，又塑造出雷神、烈、应龙、九尾狐、燃月、重、黎等艺术形象，人神众多；对木神、瑶姬、嫘祖、盘古等艺术形象进行了细致刻画，营造出各路神仙轮番登场、救世的场面和态势，让人目不暇接。

《山海经》记载了上古时期的山川地域、鸟兽花草，本身是一部信息量很大的书。《伏羲女娲》从《山海经》里搬运了很多奇形怪状的鸟兽仙草、国别、神话人物等，如果不仔细研读《山海经》的话，会对一些事物无法理解。所以，理解《伏羲女娲》也需要对《山海经》了如指掌。

由于认识的局限性，神话传说里往往人、神、兽、鬼共存。《山海经》记录了上古时期人对自然界最朴素的认知。在《伏羲女娲》里，神和兽皆有人性，人性的闪光点和弱点也都暴露无遗。伏羲、女娲、九尾狐、燃月、烈、刑天等人神兽皆有自身的弱点，书里塑造的并不是单一的英雄形象或者邪祟形象。一手遮天的烈也有温情的一面；要报答伏羲救命之恩的九尾狐迷惑了伏羲；伏羲也会犯错，与女娲之间产生裂痕。这些人、神、兽的感情与天界和人间的争夺并存，构成一幅幅欲望与邪恶交织的画面。

天帝的义子烈召集刑天、共工、灵山十巫，以及各路邪祟来攻打不周山，抢夺山海印、滴血结晶的目的是抢夺三界的最高领导权。这种人神兽鬼的混战极富画面感，里面的神奇动物以及打斗场面经过制作以后，会很有看点。不过伏羲和女娲两人的故事有点像《神雕侠侣》里的杨过和小龙女一对，这样的构思像是走了金庸老爷子的路子，略显俗套。

在三界及不周山领导权争夺战中，敌我双方的力量也在此消彼长。曾被天帝打败的刑天死而复生，杀害了雷神，帮助烈夺取领导权的描写不禁让人感慨：江湖难测，谁是强者，谁争一统三界的资格？

阿敏的论述倒让我想起前文提及的"名、利、权"这三只船，此处，我想重点谈一下"名"。

　　人总归要图点什么，若说什么都不图，难免是懦夫之言。纵观千百年来那些为人津津乐道的闲云野鹤，尽管他们历经一番波折，顿悟后似乎什么都不图，但全世界都知晓了他们什么都不图，声名自传于后，这本身就是本事。所以，在熙熙攘攘、互通有无的"名、利、权"这三只船里，不妨图点"名"吧，心底里想着要留点好名声，为人处世又能坏到哪呢？倒是"利、权"这两样，取之有度、用之有度尚好，但稍不留神，它俩的极限便是通向死亡，肉体灰飞烟灭，名声遗臭万年。如此一权衡，"名"是三者里的生之门。

　　另一方面，人生着实是一场虚无缥缈、无从谈起的梦，在这场梦里，天意是弱者的借口、强者的谦辞，因为，把"天意"这两个字拆开，最根本的还是"人心"。而人心，莫不关乎情。所以，偌大的天地，恐唯有真情实感方能称之为真实，别无其他。

　　从我的视角来看，阿敏的预言近乎"难测"之天意，我成为她笔下的"强者"是冥冥中的必然吗？这些都不重要，重要的是，在弹指一挥的时光里能遇到像阿敏这样一位推心置腹的朋友。

　　回到阿敏预言里最现实的一点,《伏羲女娲》影视融资于我而言是一次严峻异常的考验和历练,我压根不晓得一个亿体量的资金会如何而来,天晓得。不过话又说回来,就是很多种可能性试水之后都行不通,那距离最终能成的那个法子无疑不远了。

# 第二十三折　如意山海

　　2021 年 12 月 1 日，深州市如意山海文化传播有限公司正式成立，这于我两个小徒弟董万豪、董万颖的母亲刘海涛而言，是人生的一大转折点，于我，更是寓意深远的一件事，总之，这是值得纪念的一件事。从"山海"二字不难推测出，这家公司跟我不无关系，至于"如意"，则是刘海涛的别名。

　　去年盛夏，如意姐携着董万颖来看我。我带着他们去了后山，行至山的尽头，可见一片小湖，湖里长满了清香四溢的荷叶，粉白的荷花点缀其间，阵阵微风迎面拂来，未及开口，彼此便早已醉了三分。因我的《逆风追风》刚刚问世，如意姐那一趟，是专门来取书的，毕竟书上印着她两个宝宝的名字。

董万颖尚小，绕着荷塘自娱自乐。我立于湖畔的一块大石头上，望着手中的书，突然转身问一旁的如意姐："你要不要成立一个全国性质的读书会？比如就叫山海英雄联盟读书会。"至于为何会有如此突然一问，我并未掩饰自己的私心，私心的第一层意思自然是有助于提高图书及作者的知名度，第二层意思则与如意姐息息相关，她喜欢文化，但又没有真正属于自己的东西，到头来免不了沦为旁人的营销工具，她骨子里的执着较真跟她略带的苦相让我于心不忍，卖柴米油盐也是卖，卖琴棋书画也是卖，以《逆风追风》为绝佳契机，我觉得她是时候重塑姿态了。这是她成立公司的缘起。

后来的某天，应是秋去冬来了，许久未联系的她发来信息，说正在广州参加一场招商会，她策划的主题正是基于《山海经》这部上古奇书的中华古文化，并为此琢磨出一句很有意思的口号："学好《山海经》，链接古人心。"我并不清楚如意姐当初离开南京的真正动机，可能并非专程为我的事，因为她事先从不曾与我沟通一二，我的事可能只是她发展人脉的助推剂。但无论从哪个角度来看，她在做的事，对我、对她、对社会都是有利的，我立于湖畔时脱口而出的想法无疑在她心里植了根。

如她所愿，《逆风追风》成了很有说服力的敲门砖，她的活动范围也从广州进一步扩展到深圳。随着《伏羲女娲》这本书登场在即，如意姐的筹码自然更多了一重，从对文化的喜欢，再到对文化的弘扬，虽隔千里，我依然能强烈地感受到她身上散发出的那一股让人肃然起敬的气。

文化和商业从不分家，好比最直观的图书出版，无不遵循商业逻辑。所以，如意姐成立公司是大势所趋的必然。她为此跟我沟通了很多次，我的观点大致是：一、除了影视，我这边完全授权；二、不要妄自菲薄；三、我作为根源的"理论、主义"，象征性占股1%，不干预日常决策经营；四、在我生日之前落地，否则作罢。

如意姐平日里做事给我感觉很是果敢，比如站在台上宣讲我的书，她的魄力让众人无不心悦诚服，但在成立公司这件事上，她私下却表现出了从未有过的多虑迟疑，或是太看重这件事所致。

2021年5月23日，跟往年一样，她拉上董万豪、董万颖和爱人陪我一起过生日，临别时还给我塞了个两百块钱的红包。那一趟，我们去了素有"律宗第一名山"之称的宝华山上的隆昌寺，如意姐点了顿丰盛的素斋宴。得知是我的生日，随后赶来的惟真法师特地让后厨做了一大碗长寿面并赠了我一件山上特产的礼物。

我对隆昌寺及惟真法师印象深刻是因为寺院墙壁上印刻的"九百九十九间半"字样。古人很有意思，关于半间房屋的记载在历史文献里屡见不鲜，就我知道且亲自去过的，譬如在南京老城区的南面，有一片古建筑群，名曰"秦淮民居群"，年代跟明城墙一样久远，现为江苏省文物保护单位，在那片古建筑群里，又当数"刘芝田故居"最值得一提，刘芝田为清代的一位钦差大臣，曾于此购置宅地，据载原有九十九间半房屋，占地 3000 平方米。我忍不住好奇，问一旁的惟真法师："那多出来的半间是怎么个构造？"惟真法师大笑："房屋哪有半间？我们既要显示身份，又不能大过天，半间只是一种修辞，表示一种谦卑和敬畏。"

那天回去的路上，我给如意姐发了条信息，感谢之余，我说："私归私，公归公，在成立公司这件事上，我至多再给你一个月时间。"

时间一晃便到了 6 月 23 日，我看她锅不动瓢不响，遂摁着性子等到第二天上午问她结果到底如何。真是蹊跷得很，没一会儿，她跟我视频通话，说在深圳刚认识一个人，对方对我及《山海经》项目特别感兴趣，为表诚意，对方愿意给我 5000 块钱定金参与到这件事里来，这笔钱，也算提前认购《伏羲女娲》图书的钱。我在视频里看得真切，她身边站着一位颇为富态的中年女子，正热情地跟我打招呼。事后，那个人果真二话不说给我转了 5000 块钱，并捎上"《山海经》推广"的字样，这真是让我啼笑皆非的一件事。

按理，如意姐成立公司，若不需要其他股东，那早就该成立了，所以我一直以为她是在寻觅合适的股东，当然，这也是我希望看到的，毕竟多一个有实力的人参与进来，未来就会多一份更好的可能。在约定的最后期限，那个人的出现竟似天赐，更有意思的是，对方绝口不提占股之事，像是发心做公益，这反倒让我不知如何言语。

很快，我的新书《伏羲女娲》如期而至，但如意姐那边依然没有动静，加之其间她打电话问了我很多"假如、如果"等尚未发生或永远不可能发生的事，我顿时气不打一处来。我恼火一是因为她总是顾虑太多，二是觉得对原先投了 5000 块钱的那个人很不公平。那一次，我说完最后一句就直接挂了电话："在图书这一块，我自始至终都会配合你，但1% 股份我不占了，等你能做到让我眼前一亮再说。"我知道，自己的语气重了点。

故事总是这般，你越想这样，它偏偏那样。我已经下定决心不再参与到如意姐公司的筹备中来，我跟她的交流仅止于她让我寄送一些书，有些书需要特地签名，我照做就是。

终于，如意姐的公司还是成立了，尽管比我预期的要晚，但总算迈出了意义非凡的第一步。一个人的精力有限，影视这一环已够我焦头烂额，遑论未来更需亲力亲为的教育，若事无巨细一手抓，实在没那个必要。对于图书，我相信如意姐一定大有可为，尽管磨合的过程中出现诸多不愉快。

她办完所有手续，第一时间把这个意义非凡的消息告知于我，连同她的一份经营思路："一、以王楼老师的《山海经》项目为线索全面展开工作；二、以书为根，建设公益图书馆开展各种公益读书活动，以书换书，以书会友，扩大《山海经》项目的影响力；三、用聚合工具赋能百业，帮企业做公益宣传，给孩子们送书做宣传，弘扬中国的根文化；四、用中华文化的利他精神，正心正念培育正确的价值观，推广《山海经》项目；五、号召更多商家一起做公益，做《山海经》项目里影视的冠名赞助商，扬我民族正气；六、文化是根，文化是魂，以文化链接企业、链接资源，合作共赢。"

看完如意姐的思路，我不禁回想起彼此零零碎碎的过往，我发现自己的名字不知何时竟成了她的精神支柱，这是一份沉甸甸的信任。深吸一口气，我很认真地回复道："山海经行如君意，日月同辉耀神州。你做出来，就是标准！共勉共进！"

未来不可测的事太多了，小至鸡毛蒜皮，大到生老病死，遑论区区一公司。说一千道一万，秉持一心，可交万友，事亦如此。在这里，衷心祝福如意姐把山海看遍，终得如意。

# 第二十四折　花事

## 一

前年梅雨时节，后山滚落了几块较大的碎石，后来那段岔路就被封了。每次从那边经过，远远地就能望见连同碎石滚落的几株灌木。"真是可惜了。"我在心底为那几株无辜的灌木扼腕叹息，尽管我并不知晓它们姓甚名谁。

隔了很久，至少过了一个季节吧，某天清晨，我无意中发现，植根碎石的那几株灌木竟以昂扬向上的姿态葱郁更胜往日，这着实让我又惊又喜。

自然界的植物跟人类一样，无一不受地球重力影响，最大的区别是，人类通过学习，知道了重力的概念，而植

物不知道这个概念，但却始终遵循。原本摔倒的几株灌木非但不曾衰竭乃至死亡，反倒由蛰伏走向重生，似拔地而起，以鲜明的角度彰显了生命的可贵，这种顽强的生之向往让我打心底里肃然起敬。

回过头来想，幸好它们植根碎石，若在泥块里生根，泥块滚落，恐要不了几多时候，它们的生命也就走到了尽头。原来，苦确实有苦的好处。

好奇心使然，我查了一下，那几株灌木名为含笑花，常绿灌木，花期为每年四月份左右。含笑花开花如其名，开而不放，似笑而不语，加之花朵细小，若匆忙经过，实在很难察觉。据说含笑花的花香奇异，我可能闻过很久的含笑花花香，但估计到头来都误以为是山野间旁的什么花草香了，真是惭愧得很。

忽忆林清玄笔下的一段文字："如果要我选择一种最喜欢的花的名字，我会投票给一种极平凡的花，'含笑'……在这个世界上，许多事物都与含笑花一样，有各自的面目，外在的感受并不会影响它们，它们也从来不为自己辩解或说明，因为它们的生命本身就是最好的说明，不需要任何语言。反过来，当我们面对没有语言，沉默的世界时，我们能感受到什么呢？""极平凡"的含笑花竟是林清玄的至爱之花！我在知晓随碎石滚落的那几株灌木为含笑花的瞬间，脑海里免不了顿起波澜，同时感受到一股绵延不绝的力量贯彻心扉。

命运把那几株含笑花安放在石块里，它们从生命伊始就必须全力以赴地扎根并汲取一切所能汲取的养分，比起庭院里有人呵护、有人夸赞的同人，它们的起点卑微到不值一提。若说偏安一隅也就罢了，可命运一不留神竟把它们赖以生存的石块连根拔起，造化弄人莫过于此。

两年过去了，原先的岔路早已解封，山脚下的那几株含笑花似已忘却命运对它们的打击，长得又高又盛。与它们擦肩时，我总会不自觉地放慢脚步多看一眼，它们若生而为人，我想，我们应该会成为很要好的朋友。

## 二

风雪交加的灞桥旁，一位叫孟浩然的诗人牵着一头驴来回晃悠，似乎在寻找着什么。热心的乡亲路过时，误以为他丢了什么东西，便主动上前问他在找什么。孟夫子头也不回地说："我在寻梅。"此事一经传开，便犹如寒梅的彻骨香，乡亲们无不津津乐道，更有好事者循着孟夫子踏过的痕迹，即兴挥就一首打油诗："数九寒天雪花飘，大雪纷飞似鹅毛。浩然不辞风霜苦，踏雪寻梅乐逍遥。"

后山有很多株蜡梅，因小区里的蜡梅尚未开放，我窃以为后山的也一样，遂从旁经过时从不驻足。

傍晚照例去后山散步，归来途中，隐隐闻得幽香，莫不是幻觉？小区里的蜡梅我每天都会停下来观察片刻，花苞虽日渐膨大，但距离绽放还有些时日。这让人猝不及防的幽香如此真实，难道是因为嗅觉在这个时节对蜡梅的企盼而产生的生物钟似的化学反应？

借着昏暗的光线，小心翼翼地走过草地，定睛细看：呵，果真是次第绽开的蜡梅！它们夹杂在未落的枯叶间，真不易辨认哩。那一瞬，我的欢喜之情溢于言表。看，这个枝丫开了，那个枝丫也开了，好不热闹。闭上眼，一番贪婪的吸纳自是免不了的。末了，我决定把第一枝入我眼帘的蜡梅折回去，绽放的花朵、待放的花苞，排得倒也错落有致，饶有兴致数了数，共 12 朵，颇得圆满之数，洗净插好更不必多言。巧的是，上午我还跟小伙伴讲《山海经·大荒西经》里天帝的第二个老婆常羲生了 12 个月亮，然后给月亮洗澡的事，我在《伏羲女娲》一书里对女娲的闺密燃月的人物设定正源于此。

望着灯下的这枝蜡梅，暗香已悄然盈室，很多莫名的思绪由此顿生，很多莫名的思绪由此释然。闲敲棋子落灯花的孟夫子若在一旁，又会写出何等诗篇？

我突然暗暗发笑，后山的温度应该比小区低一些，而蜡梅又恰恰喜寒，所以后山的蜡梅开得早些也是合情合理的事，我竟然忽视了这个常识。是的，寒冷未尝不是好事。

## 三

爷爷村后的大河堤早已废弃，疫情爆发的那年春天，我陪父亲去那里收虾笼，河堤上颇有漫山遍野之势的野生枸杞给我留下了很深的印象。河堤两旁原有很多坟茔，但后来都迁走了，把空坟遮掩住的，正是这些开着紫褐色花朵的野生枸杞，在葱茏枝叶的映衬下，在暖阳和风的轻抚中，它们的花色显得深沉而炽烈。

每年春回大地，母亲实则都会去大河堤那儿掐几袋嫩枸杞头回来炒菜，但我并未真正见过枸杞开花。我查了下资料，大河堤上开紫褐色花朵的野生枸杞应该不是红枸杞，而是营养价值更高的黑枸杞，这真是个新奇的发现。

去年清明时节，在家百无聊赖，我突然想起大河堤上的枸杞应该如前年般开花了吧，遂决定带一把小铁锹刨一株回来种。果不其然，那里的枸杞长得一如既往地好。

回来经过爷爷家的时候，我特地停下来看一下他并随便聊了几句。他正坐在厨房的门口剥陈年的豆子。我转身离开的时候，他突然喊住我："小楼啊，你说我以前跟你说的事还有办法啊？"那一瞬，我怔住了，但赶忙回答道："会有办法的，你先把身体养养好，会有办法的。"

腊月底，我随爷爷去奶奶的坟上烧纸。爷爷坐在石阶旁，还没说两句，便已老泪纵横。我在一旁一张接一张地划纸，没有吱声，彼情彼景，我心里很不是滋味。没过两天，爷爷突然开着电动三轮车前来，我去院门口迎他。他的脸上笑意盈盈，还没等我开口，就听他说道："我的事终于有结果了，年后立马落实，虽然换了指标，但以后总算是彻底安心了，跟算命书上说的真是一点不差——那时名利一起收。"我站在院门口，听爷爷讲了许久，直至他心满意足地掉头离去。

转眼春来，去年刨回来的那株枸杞长势喜人。听说枸杞花有喜庆瑞祥的美好寓意，放在这里，十分应景。

# 第二十五折　躬耕山海

　　文化是一个虚无缥缈的东西，但同时又是一个实实在在的东西，就好比面对敌军，有人一夫当关万夫莫开，有人未战而降草木皆兵，附着在肉体之上的思想层面的东西扮演了至关重要的角色，而这种思想层面的东西正归属于更广泛的文化层面。

　　所以，就文化产业而言，它不应该只是"面子工程"，而更应该是"底子工程"，根正自然苗红，这种征服的力量要远胜于任何武力，且具有穿透时空的独特属性。如魏徵《谏太宗十思疏》所言："求木之长者，必固其根本；欲流之远者，必浚其泉源；思国之安者，必积其德义。源不深而望流之远，根不固而求木之长，德不厚而思国之理，臣

虽下愚，知其不可，而况于明哲乎？"

作为文化积淀深厚的泱泱大国，我们是有骄傲的资本的，但展望下一个千年，我们又该是如履薄冰的。这是一个宏大的命题，非三言两语所能尽述，此处仅以自己的《山海经》项目为例，略谈几点美好的可能。

图书作为一种古老的传播媒介，它用千年的时光验证了自身的永恒价值，这也昭示着下一个千年，它仍将闪烁着无可替代的魅力的光泽。

《山海经》是一部当之无愧的上古奇书，由其衍生的蔚为大观的作品也该是书，此为致敬经典。正是秉持书为根基的理念，《山海经》系列试水之作《大荒青衣》是书，以《伏羲女娲》为开山之作的山海英雄联盟系列是书，针对少年永久征稿的《山海》系列是书，2019 年盛夏，与山海英雄联盟系列同步酝酿的，更有一套采用全新话语和价值体系的《山海经》题材儿童文学绘本。至于基于《山海经》的学术研究，我虽兴趣甚浓，但并不适合纵身跃入，对于这一领域里的深耕者，我倒很乐意搭台让他们唱戏，他们的研究成果完全可以成为高等教育的读物。

从传播的便捷性来讲，相较于网络，图书明显笨得很，但如果有那么一天，突然没了电，网络是不是终如梦幻泡影？幸好，手头还有一本书可以消遣。小心翼翼地打开，可能只是因为书里让人拍案叫绝的一句话，有好事者便据此拍出一部电影、改出一部话剧、唱出一台戏曲，或是绘出一幅图画，但不管怎样，你得先捧着那本书，你望着手里的书莫名慨叹，作者竟比自家远祖鼻祖辈分还大。

以《伏羲女娲》一书为例，创作它的灵感来源于《山海经》，而当《伏羲女娲》面世后，它本身就成了另一个自带能量的源泉，天晓得读者会从《伏羲女娲》这本书里得到什么灵感。就我自己而言，我有这样一个打算，因《伏羲女娲》以中华民族特有的龙图腾贯彻始终，待影视制作步入正轨后，我完全可以提取精致的影视画面另行推出一部"龙"主题的儿童文学绘本：伏羲幻化八卦的天龙、地龙、雷龙、风龙、水龙、火龙、山龙、泽龙，大反派的囚牛、睚眦、嘲风、蒲牢、狻猊、赑屃、狴犴、负屃、螭吻这龙生九子的九条龙，颛顼的寒光巨龙和水火龙……从亲子阅读的场景来看，是不是趣味盎然？这只是《山海经》项目里灵光乍现的冰山一角。

论趣味性，《山海经》里每一个神话人物、神话典故都

是一颗璀璨异常的珍珠，但缺少一根线将其串起来，更缺少鲜活的血肉使其丰满起来。那些家喻户晓的神话人物、神话典故，它们的故事简单到让人咋舌，简单有简单的好处，就是便于传播，但对于后人，若想据此创作出一部大众喜闻乐见的作品，那真得要诸多巧合了。《山海经》的神奇之处在于，它本身好似一块浑然天成的璞玉，任何的投机取巧，在它跟前都会碰壁。

回到自己板凳甘坐十年冷的山海英雄联盟系列，我想分享一下这个经典系列穿越的可能性，因为单一平面叙事是一件驾轻就熟的事，如何将美好传递到多维空间才是一门艺术。山海英雄联盟系列有一个分水岭，用时髦话讲，就是 2.0 版本。何为山海英雄联盟系列 2.0 版本？就是让其走出时空的界限，从古穿越到今，从九州大地穿越到大洋彼岸，从拯救民族危难上升到拯救全人类乃至全宇宙。这并非难事，且看：科学证实，自然界的核反应亿万年前便早已存在，但科学证实不了人性，不妨设想自然界核反应所产生的力量是一股莫名邪恶的力量，充满了诱惑与杀戮，所以上古众神决定皆化为粒子存于琥珀，世代传于天选之子以守护世间，由此每个时代都能看见似曾相识的身影……你看，是不是很好地处理了肉体与精神延续的问题？

　　肉体会灰飞烟灭，但精神不会，那我们不妨把《山海经》视为一部不竭的精神源泉，山海英雄联盟系列里每一个英雄的名字都是一种精神的延续，这种折中的阐释未尝不可。中华文明里那些古老而美好的词汇：坚强、坚持、勇敢、智慧、善良、无私等，均可在这些可爱的山海英雄身上觅得踪影，这种精神薪火永继、代代相传，造就了我们中华民族之所以为中华民族的永恒骄傲，这也是我们中华文明对世界文明的莫大贡献。

　　图书从创作到被阅读，这是需要下笨功夫的一件事，像一碗香喷喷的米饭端到桌上，它需要历经春秋，多少个晨昏的锄草施肥，与之相伴的，可是一去不返沉甸甸的人生啊。

　　影视或是世俗里最耀眼的一环，尽管前期困难重重，但后期它无疑会给我带来惊人的财富和声望，好事多磨、苦尽甘来是亘古不变的法则。

　　山海经行影业深度聚焦上古奇书《山海经》，致力于以优质原创服务全球受众，若非《山海经》题材，它绝不参与。未来，山海经行影业会从最初的山海英雄联盟系列动漫电

影，走向真人版的电影，继而囊括电视剧、动画片等板块，至于这些作品是在院线播放，还是在电视、电脑、手机或虚拟空间播放，都不重要，重要的是，书为根基。

原创是稀缺资源，但凡想干点事的人，一定要善于辨别孰轻孰重，并尽可能换位思考，以求共赢，具体到利益分配上，给别人 51%，自己拿 49%，看起来我们亏了点，但是，我们会因此得到更多的 49%，着眼长远，我们并不亏。

书是山海经行影业律己律人的过滤网，这里有两种可能：一是作者已有成熟的作品问世，我们以平等的姿态和最大的诚意寻求合作；二是作者只有支离破碎的闪光的想法，暂无成熟的作品问世，那我们不妨因势利导，最后帮作者打磨出一部成熟的作品，成人之美，美美与共。

涉及影视投资，我们要心知肚明一点，在彼此感谢的同时，我们更应该感谢载舟覆舟的水以及这个伟大的时代，我们只是服务者，若无基数庞大的受众青睐，若无国家基础设施的完善，我们终不是我们。闻过则喜，闻赞则警，不要成为金钱的奴隶，更不要被夸赞冲昏了头脑，我们只是旦夕祸福的一介凡夫，若能把自己的梦想传递给另一个人并由此结交一位知己，实为人生幸事。

影视的大放异彩是水到渠成之事，我志不在此，它只是不得不走的一环，我真正感兴趣的，还是教育。

一路走来，教育行业的某些方式方法为人所诟病已成常态，在未来任何一个时候，它仍将被指指点点，但不得不承认，它在摸石头过河，在没有一个绝对的标准来保证绝对的结果的情况下，它的存在本身就是很了不起的一件事，恰如法国诗人、1901 年首届诺贝尔文学奖得主絮利·普吕多姆所言："你活着就谈不上不幸。"从另一个角度也不难看出，爱之深，责之切，人们对于教育的诉求是强烈的，古今中外概莫能外。

有人喜欢对着故纸堆隔空追忆过往某个特定时代的教育，并言之凿凿地说那时的教育多么多么好，神往之情溢于言表，矛头最终导向当下的教育。我有点想不通，我爷爷辈、太爷辈，及之前的绝大多数人都是文盲，那时的教育到底好在哪里？遑论更久远的年代。我们不能用焦点式的思维来评价教育，背景愈悲壮，焦点愈突出，那样的代价是沉重的，没有焦点也罢。

数学上有一种反例证明法，即只要举出一个反例，那原命题的结论就不成立。这种反例证明法用在对教育的评价上仍然适用。回首我们自身的求学生涯，有没有哪怕一位授业恩师让我们始终铭记？可能只是因为恩师的一句话或一个举动，以致我们每每念及，心头都会暖流丛生并真切感受到教育的意义。如果有，那我们的教育就并非一无是处。

缅怀过往的人大多重感情，透过他们对当下教育的诟病似乎能看出一个共通的美好愿景，此处不妨把这个共通的美好愿景表述为：如盼累累硕果，好的教育当培养一个充盈的饱满的人。

在这里，我把教育的范围缩小到基础教育，再进一步明确到小学、初中、高中这三个阶段的教育，以借此阐述《山海经》项目里与之相关的元素及实践的可能。

从《山海经》的字里行间不难读出，它的成书是国家旨意，非稗官野史。作为一部上古社会生活的百科全书，它的内容涵盖历史、人文、天文、地理、动物、植物、医药、宗教、神话等方方面面，而它的独特性在于，它乍一看属于任何一门学科，但再一想，又实在难以定性归类为某个具体学科。基础教育的概念通常是指没有专业和职业指向性的基本教育，从这个大前提来看，《山海经》与基础教育的博学诉求是深度契合的。

以前，求学和读书是一回事，足见书在教育环节里至高无上的地位。如山海英雄联盟系列图书之于影视，有了书，也就是教材，课程及传道授业解惑的老师自然水到渠成。

《山海经》有一本正经的一面，更有荒诞不经的一面，这种特质着实难能可贵。拿一些人动辄轻生这种社会现象来说，可怕的并非绝望本身，而是造成绝望的思考机制，如果轻生者的脑海里存有一丝异样的逆向念头，比如上个月答应一位美丽的姑娘一起去采荷花，那这一丝逆向念头便会像一束光刺破黑暗继而扭转乾坤，蝼蚁尚且偷生，人难不成还不如蝼蚁？我们的教育平日里给学生灌输了海量一本正经的词汇，这很好，但是，若再注入一定比例荒诞不经的词汇，终可避免把学生培养成质地虽硬但脆的玉石。

所以，在教材研发这一块大有文章可做，这是一个史无前例的浩大工程。针对低年级到高年级不同层次，教材研发者需融合多学科让学生领略境界迥异的"山川河泽日月星辰"，他们要为此注入大量心血，唯热爱方能成事。人非生而专业，热爱使然，诚所谓兴趣是最好的老师，这不仅是针对学生的，更针对教材研发者，因为他们所做的事是《山海经》教育项目里最重要的一环。

　　与《山海经》教育项目相配套的，我想发起成立一个全国公募性质的教育基金会——山海教育基金会，于南京打造出一个教育样板，譬如叫某某书院，总之是一所学校，面向全省的小学、初中和高中选拔招生，学习进修的时间点与原先的学校互补，秉持公益原则，成本支出由基金会承担。在生源选调这件事上，届时我希望能得到政府相关部门的鼎力支持，若有其他一些特殊政策扶持，自是再好不过。

　　南京作为试验田，若口碑效应显著，那就在全国省会及直辖市、特别行政区布点，如雨后春笋般成立地方公募性质的教育基金会，继山海教育基金会，地方的教育基金会可顺势命名为伏羲教育基金会、女娲教育基金会、大禹教育基金会、精卫教育基金会、夸父教育基金会、后羿教育基金会、祝融教育基金会、共工教育基金会、盘古教育基金会、刑天教育基金会……并邀请当地首富级别的风云人物带头参与，在彼此的能力范围之内尽可能反哺社会，这从一开始就不失为一件很有意思的事。

　　《山海经》教育项目是融古今中外的大国名片、激内生动力的万里长城，并不排除全球连锁的可能。有一点需澄清，即《山海经》教育项目是对基础教育的一种衍生，它存在的前提是对基础教育的一种信任，若无基础教育的支撑，再好的"山川河泽日月星辰"也培养不出健全的人格。

如果说有什么标准来评判这个教育项目成功与否，我觉得最关键的指标就是，很多年后，从这扇门走出去的学生愿不愿意反哺基金会。这个指标能说明很多问题，因为学生作为深度参与这个教育项目的当事人，他们是最有发言权的。我们到底有没有帮学生打开一扇门？我们引领学生进入了哪般境地？我们做的到底是"面子工程"还是"底子工程"？很多年后，学生会不会莫名怀念起在书院的那段美好时光？他们愿意贡献一点点光和热以使这个教育项目的灯越燃越旺吗？时间不语，但终会给出答案。

真正的教育是无法盈利的，好比基础教育，抑或更典型的家庭教育，那是一种不计回报的投入，且投入的不仅仅是钱。

以山海英雄联盟系列为始的影视若真能给我带来惊人的财富和声望，那这笔财富里的很大一部分都会投入到《山海经》教育项目里，这是一个无底洞。此外，我还会涉足投资领域，如山海英雄联盟系列主打少年派，我的投资理念正是投资少年，因为我给他们埋了火种，有一天点燃了他们的火种，不能光靠嘴对他们负责吧？这里关于少年的定义非按年龄划分，而是如我在该书第九折所写："我始终坚信，梦想是有力量的，这种力量并非年轻人特有，而恰是因为我们有了这种力量方才永远年轻。"希冀少年们有开拓进取的勇气、厚积薄发的心性，以及百折不挠的精神，他们创办的很多项目都注定会失败，但是没关系，只要他们这个人坚持了，总有一件事会成为他们骄傲的依凭。投资人、投资人，投资的是人。

守微筑巨，山海经行；念兹在兹，此心不越。人是会变的，著此文，旨在提醒数十年后的自己，记得年轻而勇敢，若命有富贵，定千金散尽，以谢苍生，山海间徒留一虚名，足矣。最后，任沧海桑田，祝福我们伟大的民族继续从容地延续下一个千年！

# 第二十六折　一毛钱投资

"在我决定写这本书的时候，其实我心底里一直盘算着要好好写写母亲，但我惊讶地发现，母亲竟跟水一样，以致我无从抓起，尽管她是与我形影不离且对我人格熏陶影响至深的一位。"这是前文提及的一段。

当下的我困顿不堪却始终踌躇满志，兜兜转转，对《山海经》项目的阐述业已临近尾声，我想了想，还是写写母亲吧。乡人常说："男子无女不成家。"母亲在，家就在，任一年三百六十日的风刀霜剑严相逼，闭上眼，想起母亲，远远便能望见窗口透着的灯光。阡陌里的那一盏灯，是故事开始的地方，那里没有全世界，那里就是全世界。

但是写什么好呢？写一件小事吧。

　　2010 年考上大学，对着家园落日的祈盼终于成真，我如愿去了朝思暮想的远方。那时候没什么钱，揣着生拉硬拽赚来的 3600 块钱补课费就离开了生我养我廿载的故乡，若非急事，平时都舍不得打长途电话，每天傍晚六点钟左右只是给母亲发条信息报平安。发信息便宜嘛，一毛钱一条，母亲收到信息后会第一时间给我回一条。

　　信息的内容真是简单到出奇，一言以蔽之，我发的是："没事，放心。"母亲回的是："吃饱穿暖，注意安全。"

　　毕业后手头宽裕了些，随着通信技术的日益发达，电话费也越来越便宜了，摊下来差不多一毛钱一分钟，彼此不再发信息，转而打电话。日薄西山的时候，我会主动给母亲去一通电话，我这边若有什么特别新奇的事，或者老家有什么婚丧嫁娶，彼此会多聊一会儿，正常都没什么事，通话时长不超过一分钟。唯一的区别是，那段对白的顺序颠倒了，都是母亲先叮嘱："吃饱穿暖，注意安全。"我应声点头："没事，放心。"

　　有时候母亲在厨房或菜园子忙活，电话是父亲接的，我总会不自觉地问一句："咦，咋你接的？妈妈呢？"所以，说是给家里打电话，实际上就是给母亲打电话，母亲若不接，总觉得跟吃饭没菜一样索然无味，还沾了吃饭的名。

母亲恐是世上为数不多知道太阳何时下山的人，彼此这段简单的对白也风雨无阻地持续至今，今年已是第十二个年头了，每天一毛钱无疑是我此生最奢侈的一笔投资。记得舅舅家孩子前几年参加高考，作文题目是《话长话短》，她事后问我该怎么写才好，我想都没想就跟她讲了自己与母亲的这个故事，她闻之默然。

有一次回老家，饭后在院子里陪母亲散步，母亲突然说："你回来，我手机放老柜上就不用看了，平时一到吃晚饭的点，手机就捏手上。邻居都羡慕死了，说'你家孩子天天给你打电话'，他们家孩子从来不打，都是他们打过去，说两句就嫌烦……"

若有一天，这段对白的顺序再次颠倒，先是我说："吃饱穿暖，注意安全。"母亲答曰："没事，放心。"那母亲应该很老了吧，真心希望这段对白永远不会颠倒，不管今生，还是来世。

人之为人，有回忆，真好！谢谢你，母亲！